ACTIVITIES MANUAL

Ensemble

Grammaire en action

Seventh Edition

Raymond F. Comeau
Harvard University

Normand J. Lamoureux
College of the Holy Cross

JOHN WILEY & SONS, INC.

Cover Photo: ©Dave Cutler/images.com

To order books or for customer service please, call 1-800-CALL WILEY (225-5945).

ISBN-13   978-0-471-74489-4

10 9 8 7 6 5 4 3 2 1

Contents

Preface

This **Activities Manual** complements the seventh edition of *Ensemble : Grammaire en action* grammatically, thematically, and culturally. It contains **Workbook** (written activities), **Lab Manual** (oral activities, listening comprehension activities, dictations (*dictées*)), and **DVD Manual**. Many of the oral pattern practice drills differ from most exercises of this kind in that they stress the expressive quality of the language; students are often asked to "play" the language and not simply to repeat it. In addition, the thematic vocabulary of each chapter of the grammar reappears in the pattern practice drills and the dictées, thereby reinforcing the student's command of the theme. The listening comprehension activities are intended to promote rapid grammar points and thematic vocabulary one final time. The Workbook will enable the student to practice using the different structures and grammar points. The DVD Manual allows the student to apply listening skills to a higher level, and to articulate any similarities or differences seen between the cultures. The listening comprehension activities are intended to integrate the grammar points and thematic vocabulary one final time.

Chapter 1, which is intended to reacquaint the student with spoken and written French, presents a selective review of pronunciation and an introduction to the mechanics of taking a *dictée*. It is divided into lessons. The remaining chapters follow the same order as in the grammar and contain the same major lessons (except the lesson on nouns in Chapter 3, which is not treated in the lab manual). Each lesson has the same format: written activities, a series of selected pattern practice activities followed by listening comprehension activities, *dictées*, and DVD activities.

Answer keys for the Lab Manual (listening comprehension activities and transcriptions of the *dictées*), and the DVD Manual appear in the back of this manual. Answer key for the Workbook appears within the Instructor's Resource Manual at www.wiley.com/college/comeau.

Lab Manual

With the exception of the pronunciation drills in Chapter 1, the Lab Audio CD program is completely four-phased: after students have given their initial response to a question, the correct answer is given, and they are asked to repeat it. Each lesson on tape lasts about twenty-five minutes.

The activities manual is intended to be used in conjunction with the Lab Audio CD program. Students will normally do a lesson in the lab after completing the corresponding lesson in the grammar. Depending on the level of the class and the intention of the professor, students may use the manual as the guide while listening to the pattern practice drills and listening comprehension activities, or as a workbook for additional written practice, or both.

DVD Manual

The DVD activities bring to instructors and students of French at the intermediate level, authentic footage from French-language television. The seventeen *épisodes* have been carefully chosen to dovetail with the cultural content of *Ensemble*, and with most intermediate college textbooks in French. Short of actually going to a French-speaking country, the student can now experience the effects of natural language through this timely series of videotaped segments. Each *épisode* has embedded in it some of the dominant concerns of the French-speaking world today.

The student should be reassured that they don't need to understand every word of these unscripted materials, but that they have at their disposal tools to make the viewing experience rewarding. They already have a certain knowledge of the world, even if the setting is not intimately familiar. That knowledge is a resource to be used and one with which a student can make hypotheses, which can later be revised. Since the *scénettes* never exceed five minutes in length, it is advisable to glean an overall sense of the segment, its beginning, middle, and end. This scanning process will yield considerable information and encourage the student to view the segment again. With each viewing, the greater the understanding will be. To help in this process, the DVD activities are divided into three types of activities. In <u>*Anticipation*</u>, the <u>*Avant de commencer*</u> part contains a brief reading passage in French that places the various scénettes that make up an *épisode* in their larger historical and cultural context. The passage may be read before or after the initial viewing, or both, to facilitate understandings. In the <u>*Que savez-vous déjà*</u> previewing activity, the student is encouraged to reflect on his or her own knowledge of the world by responding to questions and other stimuli. In this manner, they begin to focus their thoughts on the topic to be viewed. The <u>*Lexique*</u>, a select vocabulary of words normally unfamiliar to intermediate-level students, is provided to help comprehension and avoid frustration. It may be necessary, however, to help students tune in to words that they know but do not immediately recognize when spoken in native, conversational exchanges. By alternately selecting passages with people on camera, and passages with off-camera voices, they can improve listening comprehension. Addition activities may include identifying the protagonists in a scene, guessing their names if they are not evident, their age, relationships among them, and the nature of their activities, not only by listening, but also by picking up on certain visual clues, gestures, and tone of voice. You can even try do this by turning the sound off altogether during one of the viewings, of by freezing the frame so that viewers can describe a particularly interesting or culturally rich image. In <u>*Dénouement*</u>, the <u>*comprehension*</u> part helps to measure the student's general understanding, and facilitate the move from receptive skills to productive ones by asking the viewer to summarize in one or two sentences the gist of the *scénette* just viewed. Several other short comprehension checks follow, ranging from multiple-choice, true-false, to filling in the missing words. <u>*Vive la difference*</u>, one of the principal objectives of the DVD activities, is to sharpen the student's awareness of cultural dynamics. For each *scénette*, the student can reflect on and articulate the differences and similarities between their own culture and that of French-speaking people. This activity may become one of several written and oral compositions. The <u>*Qu'en pensez-vous*</u> part attempts to move students along the proficiency scale by eliciting opinions regarding what s/he has seen and how s/he might have reacted to a particular situation. It may occasion a debate or report of comparative nature. The third type of DVD activities, <u>*Renseignez-vous*</u>, is a natural extension of the previous activities. It asks the students to do a little independent research, incorporating the words and forms learned and presenting them in a report. The reports may be oral or written; collective or individual. A measure of success in using authentic video materials is the extent to which the experience stimulates a desire to know more about another culture.

When using video in a classroom, you should try to cluster groups of students closely and informally. If you have more than twenty people sitting at varying distances from the screen, those farthest away may be frustrated by poor sound and image quality, and will quickly tune out. Optimally, you should use a large screen and a remote control device, and sit among your students. Preview materials and cue up the chosen segment(s) so as not to waste time and lessen the attention span of viewers. Use the remote control device judiciously. Avoid stopping haphazardly. Tell your students what you are about to have them view and stick to it. On occasion, allow students to rewind and show what they feel is important. After you have finished a *scénette* or an *épisode*, go on to the next feature, but remember to come back to a familiar one to build confidence. Previewing, viewing, and post-viewing have a cumulative effect on new materials.

1 Lab Manual

Vowel Sounds

These short pronunciation drills deal with certain French sounds that English-speaking students sometimes have trouble forming because either the sounds themselves or their spelling, or both, do not always have English equivalents. Each sound is represented by a symbol taken from the international phonetic alphabet. Note that only the formation of particularly difficult sounds is explained; the others can be mastered through simple repetition.

The Sound / e /:

Common Spellings:

é	été
er (final)	aller
ez (final)	allez
ai (final)	j'irai

Repeat:

blé	aimer	assez	(j') allai
né	oser	avez	(j') aurai
pré	prier	nez	(j') irai

The Sound / ɛ /:

Common Spellings:

è	mère
ê	être
e (+ pronounced consonant in the same syllable)	reste
et (final)	coquet
ai	aime
ais	allais
ait	allait
ei	peine

Repeat:

frère	bête	cherche	met
mère	fête	cesse	cadet
père	tête	vert	muet
	aide	avais	beige
	air	lait	neige
	vaine	mais	reine

The Sound / ɔ /:

Common Spelling:

o   porte

Repeat:

mort	notre	snob
fort	porte	votre

The Sound / o /:

Common Spellings:

o (as final sound)	mot
ô	vôtre
au	pauvre
eau	morceau

Repeat:

pot	hôtel	autre	beau
dos	nôtre	haut	cadeau
nos	tôt	gauche	tableau

Contrast between / ɔ / and / o /:

Repeat:

fort	–	faux
mort	–	mot
notre	–	nôtre

The Sound / y /:

Formation: With your lips rounded as if you are going to whistle, say / i /.
Repeat: / y /, / y /.

Common Spelling:

u   tu

Repeat:

du   amuser
lu   luxe
pu   pure

Contrast betwen / y / and / u /:

Repeat:

du   –   doux   su   –   sou
lu   –   loup   tu   –   tout
pu   –   pou   vu   –   vous

The Sound / ø /:

Formation: / ø / is a combination of / o / and / e /. Round your lips as if to say / o / and say / e /.
Repeat: / ø /, / ø /

Common Spellings:

eu (as final sound)   peu, deux
eu + se   chanteuse

Repeat:

bleu   chanteuse
nerveux   danseuse
feu   heureux

The Sound / œ /:

Formation: / œ / is a combination of / ɔ / and ɛ /. Round your lips as if to say / ɔ / and say / ɛ /.

Repeat: / œ / , / œ /

Common Spellings:

eu (+ pronounced consonant, except se)   heure
oeu   coeur

Repeat:

neuf   seul
peur   oeuf
danseur   soeur

Contrast between / ø / and / œ /:

Repeat:

bl<u>eu</u>	–	b<u>eu</u>rre	il pl<u>eu</u>t	–	il pl<u>eu</u>re
<u>eu</u>x	–	<u>oe</u>uf	p<u>eu</u>	–	p<u>eu</u>r
f<u>eu</u>	–	fl<u>eur</u>			

The Sound / ə /:

Common Spellings:
<u>e</u>   l<u>e</u>

Repeat:

d<u>e</u>	d<u>e</u>bout
j<u>e</u>	p<u>e</u>tit
l<u>e</u>	v<u>e</u>nir

Mute <u>e</u>:   The sound / ə / is often not pronounced in French, and is then referred to as "mute <u>e</u>." As a general rule, / ə / may become mute as long as three consonants are not brought together as a result. For example, / ə / may be dropped in <u>sam</u><s>e</s><u>di</u> because only two consonants (<u>md</u>) are brought together as a result. It must be pronounced in <u>vendredi</u>, however, because three consonants (<u>drd</u>) would be brought together if it were not pronounced. Knowing when to drop / ə / quickly becomes a natural reaction.

Repeat:

mad<s>e</s>moiselle	je n<s>e</s> sais pas
sam<s>e</s>di	je m<s>e</s> lève
sincèr<s>e</s>ment	je l<s>e</s> vois

Contrast between mute e and / ə /:

Repeat:

mute e		/ ə /
sam<s>e</s>di	–	vendr<u>e</u>di
sincèr<s>e</s>ment	–	probabl<u>e</u>ment
je l<s>e</s> sais	–	ils <u>le</u> savent
je m<s>e</s> lève	–	ils <u>se</u> lèvent
je n<s>e</s> sais pas	–	ils <u>ne</u> savent pas

The Nasal / ɛ̃ /:

Common Spellings:

<u>ain</u>	s<u>ain</u>
<u>ein</u>	pl<u>ein</u>
<u>en</u> (preceded by <u>i</u>)	bi<u>en</u>
<u>en</u> (final)	exam<u>en</u>
<u>im</u>	<u>im</u>possible
<u>in</u>	<u>in</u>térêt

4   **Chapter 1**

Repeat:

américain	ancien	insulte
certain	chien	intéressant
pain	mien	vin
frein	européen	important
plein	méditerranéen	imbécile
teint	herculéen	timbre

The Nasal / ɑ̃ /:

Common Spellings:

an	dans
am	lampe
en	cent
em	temps

Repeat:

français	ambitieux
sans	crampe
tant	chambre
lent	sembler
mentir	remplir
rendez-vous	trembler

The Nasal / ɔ̃ /:

Common Spellings:

om	tomber
on	bon

Repeat:

bombe	bonbon
rompre	long
nombre	maison

The Nasal / œ̃ /:

Formation: While saying the nasal / ɛ̃ /, round your lips as if to say / ɔ /.
Repeat: / œ̃ /, / œ̃ /

Common Spellings:

um	parfum
un	lundi

Repeat:

auc<u>un</u>	comm<u>un</u>
br<u>un</u>	h<u>um</u>ble
chac<u>un</u>	parf<u>um</u>

Contrast between / ɛ̃ /, / ɑ̃ /, / ɔ̃ /:

Repeat:

f<u>aim</u>	–	f<u>en</u>d	–	f<u>ont</u>	p<u>ain</u>	–	p<u>an</u>	–	p<u>ont</u>
b<u>ain</u>	–	b<u>anc</u>	–	b<u>on</u>	v<u>in</u>	–	v<u>ent</u>	–	v<u>ont</u>

Denasalization: It is important to note that most nasals lose their nasal quality and become the vowels / ɛ /, / i /, / a /, / ɔ /, and / y / when they are followed by a vowel or by an <u>n</u> or an <u>m</u> + vowel.

Contrast:

Repeat:

<u>/ ɛ̃ /</u>		<u>/ ɛ /</u>
améric<u>ain</u>	–	améric<u>ain</u>e
anc<u>ien</u>	–	anc<u>ien</u>ne
ind<u>ien</u>	–	ind<u>ien</u>ne
<u>/ ɛ̃ /</u>		<u>/ i /</u>
<u>im</u>portant	–	<u>i</u>mmeuble
<u>in</u>correct	–	<u>i</u>nutile
<u>in</u>sulte	–	<u>i</u>nnocent
<u>/ ɑ̃ /</u>		<u>/ a /</u>
<u>am</u>bitieux	–	const<u>am</u>ment
<u>an</u>	–	<u>an</u>née
pl<u>an</u>	–	Mari<u>an</u>ne
<u>/ ɔ̃ /</u>		<u>/ ɔ /</u>
b<u>om</u>be	–	ab<u>o</u>minable
b<u>on</u>	–	b<u>o</u>nne
<u>om</u>bre	–	h<u>o</u>mme
<u>/ œ̃ /</u>		<u>/ y /</u>
l<u>un</u>di	–	<u>u</u>nique
parf<u>um</u>	–	f<u>u</u>mer
<u>un</u>	–	<u>u</u>ne

The Sound / j /:

Formation: / j / is the short transition sound / i / in a diphthong. It is pronounced somewhat like the y sound in the English word yes.

Repeat: / j /, / j /.

Common Spellings:

ail (le)	travail, travaille
eil (le)	pareil, pareille
euil (le), ueill	fauteuil, feuille, cueillir
ille	fille
ouill	bouillir
ia	mariage
ie, iè	hier, rivière
ier (final), iez, ié	étudier, étudiez, étudié
ieu	vieux
io	radio
ian, ien	souriant, science
ien (final)	sien
ion	passion

Repeat:

/ aj /	/ ɛj /	/ œj /
chandail	oreille	feuillage
paille	soleil	veuille
Versailles	réveiller	accueillir

/ ij /	/ uj /	/ ja /
famille	mouiller	piano
gentille	fouiller	diable
gaspille	nouille	fiasco

/ jɛ /	/ je /	/ jø /
ciel	apprécier	dieu
fier	justifiez	mieux
inquiète	pitié	yeux

/ jo /	/ jɑ̃ /	/ jɛ̃ /	/ jɔ̃ /
radio	viande	rien	aimions
studio	fiancée	tiens	télévision
scénario	scientifique	mien	union

The Sound / w /:

Formation: / w / is the short transition sound / u / in a diphthong. It sounds somewhat like the w sound in the English word west. The lips are tenser and farther forward in French.

Repeat: / w /, / w /
Common Spellings:

oi   toi
ou (+ vowel)   jouer, Louis

Repeat:

jouer   bois
oui   loin
ouest   moi

The Sound / ɥ /:

Formation: / ɥ / is the short transition sound / y / in a diphthong.

Repeat: / ɥ / , / ɥ /

Common Spellings:

ua   nuage
ue   actuel
ué   tué
ui   cuisine

Repeat:

accentua	habituel	accentué	lui
persuader	mensuel	habitué	bruit
contribuable	usuel	contribué	traduire

Contrast between ou + vowel and u + vowel:

Repeat:

joua   –   instiua
chouette   –   muette
loué   –   évalué
Louis   –   lui
jouir   –   juif

Consonant Sounds

The Sound / t /:

Common Spellings:

t	tasse
tt	attache
th	théâtre
d (in liaison)	prend-elle

Repeat:

tapis	flatte	thé	comprend-il
tenir	nette	théâtre	grand homme
type	sotte	sympathique	perd-il

The Sound / k /:

Common Spellings:

c + a, o, u	cas, cou, cube
c (final)	avec
qu	quel

Repeat:

caméra	avec	banque
campus	lac	disque
concert	parc	qui

The Sound / s /:

Common Spellings:

s	si
ss	assez
c (+ e, i, y)	lance, citron, Nancy
ç	garçon
t (+ ia, ie, io)	partial, démocratie, nation

Repeat:

réalisme	assurer	bicyclette
sage	aussi	censure
version	boisson	spécial
façade	ambition	
français	bureaucratie	
leçon	initial	

The Sound / z /:

Common Spellings:

s (between vowels)   ai**s**e
s (in liaison)   vou**s** êtes
z   **z**èle

Repeat:

cou**s**ine	le**s** autres	**z**èle
plai**s**ir	me**s** amis	**z**éro
voi**s**in	il**s** ont	**z**oo

The Sound / 3 /:

Common Spellings:

g + i, e   **G**i**g**i, **g**enou
j   **j**our

Repeat:

génie	**j**ardin
gentil	**j**eune
Gilbert	**j**oli

The Sound / l /:

Formation: Place the tip of the tongue *against* the upper teeth (and not above them, as in English).

Repeat: / l /, / l /.

Common Spellings:

l   **l**a
ll   be**ll**e

Repeat:

lac	a**ll**er	b**l**eu	éga**l**
lit	mi**ll**e	p**l**us	ma**l**
long	vi**ll**age	tab**l**e	sa**l**e

The Sound / R /:

Formation: While saying "ah," close the passage between the back of the tongue and the back of the roof of the mouth.

Repeat: / R /, / R /.

Common Spellings:

r   raison
rr   arriver

Repeat:

règle	derrière	cri	carte	dur
robe	errer	gris	externe	lire
rose	Paris	très	parler	pour

The Sound / ɲ /:

Formation: Pronounce the ny sound in the English word canyon with the tip of the tongue just behind the lower front teeth.

Repeat: / ɲ /, / ɲ /.

Common Spellings:

gn   signe

Repeat:

espagnol	ignorer
campagne	montagne
gagner	règne

Comprehension Exercise

A. Vowel and consonant sounds

You will hear a series of questions, each of which is followed by three answers. Circle the logical and correct answer.

1. a.   Non, il n'aime pas aller au cinéma.

    b.   Oui, il adore rester au lit.

    c.   Oui, il fait souvent la vaisselle.

2. a.   Non, parce qu'il est sorti avec lui hier soir.

    b.   Oui, il va le voir à huit heures et demie.

    c.   Il a un rendez-vous avec elle à huit heures.

3. a.   Parce que le professeur est sympathique.

    b.   Parce que le professeur est égoïste.

    c.   Parce que le professeur est ennuyeux.

4. a.   Oui, je fais beaucoup de ski.

    b.   Ah oui, j'adore le golf et le tennis.

    c.   Oui, j'aime tous mes cours.

5. a.   Oui, je vais le passer demain.

    b.   Bien sûr. J'y ai réussi.

    c.   Oui, j'y ai échoué.

6. a.   Oui, il y habite.

    b.   Oui, elle y habite.

    c.   Oui, il habite chez lui.

Dictée

Each lesson in the tape program will conclude with a dictation exercise (dictée) in which you will be asked to write in French a text dictated to you. A dictée is a three-step exercise: first you listen attentively as the entire passage is read through at normal speed; second, you write down in French the text of the dictée as it is dictated in parts; and third, you listen again to the entire dictée read at normal speed. Once you have completed the third step, you can reread your dictée and correct any errors you may have made.

In order to write a dictée, you will need to know the major French punctuation marks.

Repeat:

. point	! point d'exclamation
, virgule	… points de suspension
; point-virgule	- tiret (dash)
: deux-points	« » guillemets
? point d'interrogation	

Dictée

B. *Vowel and consonant sounds*

Listen to the complete dictée. Then write each sentence during the pauses. The complete dictée will be reread so that you can check your accuracy.

_____

_____

_____

_____

_____

_____

_____

_____

_____

_____

DVD Manual

Épisode 1   *La vie universitaire*

ANTICIPATION

Avant de commencer

Les études en France et ailleurs dans le monde francophone font l'objet de vives controverses et d'incessantes réformes. Vous allez visionner trois milieux de scolarisation où s'expriment soit des étudiants inscrits dans les facultés, soit des adultes qui gardent un souvenir spécial de leur jeunene scolaire. Dans la première scènette, on vous propose un tour rapide de la Cité Universitaire, ensemble résidentiel international situé dans le quatorzième arrondissement de Paris, aux confins sud [*south end*] de la capitale. La rue principale qui longe la Cité est le Boulevard Jourdan, un tronçon [*segment*] de la voie circulaire à l'intérieur de Paris. On appelle cette voie la petite ceinture et l'autobus qui la dessert [*service*] s'appelle le P.C. (à ne pas confondre avec le parti communiste!). À l'arrêt «Cité Universitaire» (également le nom de la station de la ligne «R.E.R. B»), de vastes espaces verts s'étendent de chaque côté du Boulevard Jourdan: d'abord le Parc Montsouris, et puis les quarante hectares de pelouses où s'élèvent les maisons nationales et les maisons régionales de France, qui ensemble forment la Cité. À la différence des universités, des grandes écoles, et des instituts parisiens qui ne sont souvent que des bâtiments urbains avec plus ou moins de caractère, la Cité Universitaire de l'Université de Paris se vante [*boasts*] d'un beau campus à l'américaine. À propos, la Fondation des États-Unis, située au 15 Boulevard Jourdan, est la maison américaine. L'industrialiste et philanthrope Henri Deutsch de la Meurthe fut le fondateur de la Cité Universitaire. Malgré ses bibliothèques, la Cité est essentiellement un lieu de résidence et de rencontre pour les étudiants venus des quatre coins du monde. Consultez le plan de Paris dans l'appendice pour repérer ces lieux.

De Paris, vous irez au Québec où vous êtes témoins d'une discussion sur la pédagogie souhaitée par un groupe d'étudiants canadiens francophones. L'intérêt de cette scènette n'est certainement pas le visuel, mais l'oral. Vous essaierez d'apprécier les différences entre l'accent du français parisien et celui du français québécois. Faites notamment attention à la prononciation de la voyelle «i», de la nasale «an/en», et de certaines élisions [*dropping of a letter*] qui ne se font pas en français parisien.

De retour en France, vous rencontrerez une famille aristocratique en milieu rural dans laquelle l'éducation des enfants, aujourd'hui adultes, a été assurée par la maîtresse de la maison. D'habitude les jeunes Français sont scolarisés dans une école publique, laïque [*lay*], gratuite, et obligatoire jusqu'à l'âge de quatorze ans. C'est la loi de Jules Ferry, un célèbre ministre de l'instruction publique au XIXe siècle. Voici donc un cas exceptionnel où maman s'est chargée de la totalité de l'éducation primaire de ses enfants qui apparemment ont tous fort bien réussi, d'abord en obtenant leur Bac [*rigorous comprehensive exam and degree*] à l'âge de quinze et seize ans (plutôt qu'à dix-huit ans), et en poursuivant par la suite des études supérieures.

SCÉNETTE 1

Que savez-vous déjà?

À visionner cette scénette pour la première fois, quel train de vie [*lifestyle*] attribuez-vous aux habitants de la Cité Universitaire? Quels indices visuels prouvent votre hypothèse? Est-ce que ces bâtiments ressemblent à ceux de votre université? Précisez. Comment savez-vous pourtant que vous êtes à Paris? Le fond sonore musical (piano solo) est une mélodie que vous connaissez sans doute. En quoi convient-elle?

Lexique

Substantifs

une échéance   *due date*
la pelouse   *lawn*

Verbes

achever   *to complete*
exclure   *to exclude*
se lasser (de)   *to tire of*
se préciser   *to become clear*

Autres expressions

dans du coton   *very cushy*
on en a marre   *you get fed up with it*
retarder l'échéance   *postpone the day of reckoning*
en second cycle   *at the graduate level*
d'utilité publique   *state-approved*

DÉNOUEMENT

Compréhension

A. En une ou deux phrases, résumez l'essentiel de cette scénette.

_____

_____

_____

_____

B. Cochez la réponse correcte.

1. Nous sommes vraisemblablement
   a. en automne.
   b. en hiver.
   c. au printemps.

2. Ici, la vie des étudiants semble
   a. ennuyeuse et stressante.
   b. douce et protégée.
   c. rigoureuse et pénible.

3. Philippe Plusse achève ses études
   a. avec impatience.
   b. très tard.
   c. tranquillement.

4. Philippe Plusse se spécialise
   a. en sciences humaines.
   b. en sciences techniques.
   c. en sciences sociales.

C. Visionnez et écoutez attentivement une autre fois, et remplissez les blancs avec le chiffre qui convient.

À la Cité, on compte _____% d'étrangers, _____ nationalités, _____%
d'étudiants français. Le nombre total d'étudiants monte jusqu'à _____. Les pelouses s'étendent sur
_____ hectares. En tout, il y a _____ maisons et _____ lits. N'oublions pas
que la Cité Universitaire propose également à ses résidents _____ poste, _____ banque,
_____ théâtre, _____ cinéma, _____ salle de concerts, _____
bibliothèque qui contient _____ volumes.

Vive la différence!

Quelles différences et quelles ressemblances culturelles avez-vous remarquées?

_____

_____

_____

_____

_____

Qu'en pensez-vous?

A. Si vous étiez étudiant(e) à Paris, aimeriez-vous résider à la Cité Universitaire? Dites pouquoi ou pourquoi pas.

B. À votre avis et selon cette scénette, la vie d'étudiant est-elle un privilège? Justifiez votre réponse.

C. Quels sports peut-on pratiquer à la Cité? Quels autres sports conseilleriez-vous à l'administration de la Cité?

RENSEIGNEZ-VOUS!

A. Sur le plan de Paris dans l'appendice, situez la Cité Universitaire. Est-on loin du Quartier Latin? Comment peut-on y parvenir rapidement?

B. En vous servant du vocabulaire et des expressions que vous avez maîtrisés, imaginez à deux une conversation au Resto-U [cafeteria], avec l'étudiant qui mange son yaourt. Il est là depuis un an, vous venez juste d'arriver.

SCÉNETTE 2

Que savez-vous déjà?

Des étudiants franco-canadiens expriment leurs opinions sur la vie universitaire. Est-ce que ce sont des étudiants dans le sens classique du mot, ou font-ils autre chose en complémentarité? Dressez leur profil professionnel. Dans cette scénette, vous allez apprécier tout le charme de l'accent québécois qui, à premier abord, semble difficile à suivre.

Lexique

Verbes	*Autres expressions*

Verbes

se réaliser   *to be fulfilled*
subir   *to undergo*

Adjectif

axé   *focused*

Autres expressions

au niveau de   *at the level of*
dans la mesure où   *to the extent that*
en guise de complémentarité   *by way
of supplementing*
par après   *thereafter*

DÉNOUEMENT

Compréhension

A. En une ou deux phrases, résumez l'essentiel de cette scénette.

_____

_____

_____

_____

_____

_____

B. Nous avons transcrit dans sa quasi-totalité les réflexions du premier interlocuteur. Vous allez indiquer les particularités de l'accent québécois en suivant le texte. Faites l'écoute à plusieurs reprises. Lisez à haute voix, d'abord en français «parisien». Puis, selon ce que vous entendez, marquez votre texte pour la prononciation des voyelles et pour les élisions (lettres non prononcées). Essayez de faire ce même discours en imitant l'accent du jeune homme. Voir aussi les épisodes 10 (p. 73) et 13 (p. 93).

La vie étudiante, bien sûr, ou, très heureux d'avoir repris la vie étudiante, parce qu'on sait que. . . . , c'est plus qu'une vie pédagogique. C'est une vie sociale où on a des amis, où on apprend beaucoup. . . . Voyez-vous, la vie sociale et la vie pédagogique sont carrément séparées. C'est pour ça que c'est pas tout le monde qui peut participer. Parce que 'y en a qui ont drôlement beaucoup plus de temps que d'autres. Alors, nécessairement, ce que je trouve déplorable, ce que je voudrais exprimer, c'est que je rêve d'une éducation où on pourra, à travers les cours au niveau pédagogique, vivre certaines expériences sociales. C'est-à-dire que dans les cours, on a une pédagogie axée sur une dimension socio-culturelle, et non seulement une dimension en mathématiques sur les mathématiques, en français sur le français, et, comme ça dans toutes les autres matières. Ça serait bon, selon moi, d'avoir une pédagogie plus libre pour que les étudiants puissent se réaliser et construire à travers la pédagogie, non seulement subir. Parce que les gens ont des cours pour construire, c'est dans les activités sociales. Bien sûr, il y a quelques étudiants qui participent, mais c'est pas tout le monde. C'est ça que je trouve déplorable, parce que tout le monde, au niveau de l'éducation, on apprend dans la mesure où on construit, pas dans la mesure où on subit, d'après moi.

Vive la différence!

Quelles différences et quelles ressemblances culturelles avez-vous remarquées?

_____

_____

_____

Qu'en pensez-vous?

Subir ou construire? Cherchez le sens de ces deux mots et dites si vous êtes d'accord avec cette politique éducative. Qu'entend-on par «construire» plutôt que «subir» une éducation? Justifiez vos propos.

RENSEIGNEZ-VOUS

A. Faites un topo sur la politique linguistique du Québec. Quelles sont les conséquences de cette politique? Faites également un aperçu sur l'activité littéraire en français au Canada. Partagez vos résultats avec vos camarades.

B. Faites un topo sur le système pédagogique au Québec. En quoi diffère-t-il des systèmes américain et français? Lequel préférez-vous? Pourquoi?

SCÉNETTE 3

Que savez-vous déjà?

A la différence des deux premières scénettes, pouvez-vous dire dans quel milieu nous sommes? Combien de générations de cette famille noble voyez-vous sur l'écran? Combien d'enfants Madame d'Alginy a-t-elle? Pouvez-vous repérer [make out] leur nom et peut-être même leur occupation? Quels indices nous laissent deviner qu'il s'agit de longues traditions et descendances familiales? Dans cette scénette, on raconte de vieux souvenirs. À la différence des deux premières, de quelle éducation parle-t-on? Avez-vous retenu des termes du vocabulaire scolaire? Faites-en la liste, et ajoutez-y d'autres termes d'ici la fin de votre étude de la scénette.

Lexique

Substantifs

le bac	*baccalaureate exam*
le chef-lieu	*principal city*
la colle	*here: trick question*
la concurrence	*competition*
le département	*regional division*
le domaine	*estate*
une étude	*here: study hall*
un instituteur	*teacher*
le/la légataire	*heir*
la religieuse	*nun*
la retenue	*detention*
la robotique	*robotics*
la souplesse	*flexibility*

Verbes

déroger	*to deviate*
gérer	*to manage*
parfaire	*to perfect*
suinter	*to ooze*

Adjectifs

irremplaçable	*irreplaceable*
passionnant	*fascinating*

Autres expressions

l'âge de deux chiffres	*age of ten on*
donner la parole	*to give someone the floor*
du coup	*suddenly*
mettre le feu au château	*to set the castle on fire*
la mise au cachot	*banishment in the dungeon*
tirer une conclusion	*to draw a conclusion*

DÉNOUEMENT

Compréhension

A.   En une ou deux phrases, résumez l'essentiel de cette scénette.

_____

_____

_____

_____

B. Vrai ou faux? Cochez la réponse qui convient.

		Vrai	Faux
1.	Madame d'Aligny a eu six enfants.	_____	_____
2.	Elle a enseigné à ses enfants toute seule.	_____	_____
3.	La famille est au château depuis la guerre.	_____	_____
4.	Madame d'Aligny leur a appris le latin.	_____	_____
5.	Marisol aimait beaucoup le calcul.	_____	_____
6.	Il fallait connaître les départements.	_____	_____
7.	Les enfants ont passé le bac très tard.	_____	_____
8.	Les enfants sont allés à l'école primaire.	_____	_____
9.	Ils apprécient leur indépendance.	_____	_____

C. Visionnez et écoutez attentivement une autre fois, et remplissez les blancs avec le chiffre ordinal (premier, troisième, etc.) qui convient.

1. Les murs du château suintent l'histoire depuis le _____ siècle.

2. On faisait une dictée en _____.

3. L'autre, en _____ , faisait des exercices.

4. Puis, le _____ récitait une leçon de calcul, ou d'histoire et de géographie.

5. Jeanne d'Aligny mène ses six enfants ainsi jusqu'à la _____.

6. Elle enseigne les programmes de _____ à Jean-Baptiste, de

   _____ à Marisol.

7. Elle s'occupe des trois plus jeunes: Michel qui fait sa _____ , Auguste sa

   _____ et Jean-Pierre sa _____.

D. Visionnez et écoutez attentivement une autre fois la dernière partie de la scénette et faites les rapprochements professionnels convenables

1.	Jean-Baptiste _____	a.	gérant des domaines familiaux
2.	Marie-France _____	b.	professeur de philosophie
3.	Marisol _____	c.	spécialiste en commerce extérieur
4.	Michel _____	d.	prêtre près de Bourges
5.	Auguste _____	e.	ingénieur en robotique
6.	Jean-Pierre _____	f.	conservateur de vieilles maisons

Vive la différence!

Quelles différences et quelles ressemblances culturelles avez-vous remarquées?

_____

_____

_____

_____

_____

Qu'en pensez-vous?

A. Peut-on vraiment être instruit par ses parents dans la société actuelle? Discutez cette question autour d'une table en petit groupe. L'un(e) d'entre vous fera le résumé de vos observations au reste de la classe.

B. Pensez-vous que les retenues, les colles, et l'étude encouragent la bonne discipline? En avez-vous fait l'expérience? Partagez vos souvenirs avec la classe.

C. Les enfants devaient connaître par cœur les départements de France et leur chef-lieux. Connaissez-vous tous les états américains et leur capitale? Dressez une liste en groupe. Faut-il connaître ainsi la géographie de son pays? Précisez.

D. Imaginez une conversation entre Madame d'Aligny et le jeune franco-canadien dont le discours est transcrit dans la scénette 2.

E. Faites un arrêt sur image [freeze-frame] sur la dernière image de la scénette (portrait de Jean-Pierre). En quoi est-elle particulièrement significative dans le contexte général de cette scénette? Servez-vous des mots et des expressions que vous avez accumulés dans cet épisode.

RENSEIGNEZ-VOUS!

A. Examinez la carte de France par province dans l'appendice. Partagez-vous chacun(e) deux ou trois d'entre elles et indiquez leurs villes principales. Par la suite, cherchez dans un dictionnaire chaque ville en question et déterminez comment s'appellent ses habitants. Ex: Île-de-France, Paris, Parisien(ne). Vous pourrez également faire le même exercice avec les départements, à l'aide d'un atlas.

B. Le bac est non seulement un examen rigoureux, c'est un rite d'initiation. Renseignez-vous à la bibliothèque sur le bac français et sur son importance pour l'étudiant et sa famille. Partagez vos trouvailles avec vos camarades.

2 Workbook

Present Tense

A. Present tense of regular -er and -re verbs

Answer the following questions using the given response according to the models.

MODELS: Qui regardez-vous? (ce couple heureux)

Je regarde ce couple heureux.

Qu'est-ce que vous entendez? (un train)

J'entends un train.

1. Qui cherchez-vous?   (une femme douce)

_____

2. Qui attendez-vous?   (Philippe)

_____

3. Qu'est-ce que vous détestez?   (la discrimination)

_____

4. Qu'est-ce que vous entendez?   (mon enfant)

_____

5. À qui répondez-vous?   (à mes copains)

_____

6. Qui respectez-vous?   (les femmes indépendantes)

_____

7. Qu'est-ce que vous attendez?   (l'autobus)

_____

B. *Present tense of common -ir verbs*

Answer the following questions according to the models.

MODELS: Les amies de Mireille maigrissent. Et Mireille?

        Elle maigrit aussi.

                Les étudiants de M. Dupont sortent. Et M. Dupont?

        Il sort aussi.

1. Les amies de Suzanne maigrissent. Et Suzanne?

    _____

2. Les enfants de Raymond dorment. Et Raymond?

    _____

3. Les copines de Louis mentent. Et Louis?

    _____

4. Les copains de Roger obéissent. Et Roger?

    _____

5. Les parents de Julie partent. Et Julie?

    _____

6. Les étudiants de Mme Descartes réfléchissent. Et Mme Descartes?

    _____

C. *Present tense of common irregular verbs*

Answer the following questions according to the model.

    a. MODEL: Vous lisez des magazines?

                    Bien sûr je lis des magazines.

1. Vous buvez du café français?

    _____

2. Vous prenez des risques?

    _____

3. Vous faites le ménage?

    _____

4. Vous dites toujours la vérité?

    _____

5. Vous êtes marié(e)?

_____

6. Vous suivez un régime?

_____

    b. MODEL: Sophie apprend le français. Et ses copines?

                     Elles apprennent le français aussi.

1. Dorine craint le mariage. Et ses copines?

_____

2. Annie vient à la soirée. Et ses copines?

_____

3. Babette devient féministe. Et ses copines?

_____

4. Gisèle fait la cuisine. Et ses copines?

_____

5. Nancy suit un régime. Et ses copines?

_____

6. Janine dit la vérité. Et ses copines?

_____

D. Use of _depuis_ and the present tense

    Anwer the following questions using _depuis_ and the given response.

    MODEL: Depuis combien de temps est-ce que Robert est marié?   (sept ans)

                   Il est marié depuis sept ans.

1. Depuis combien de temps est-ce que Jean-Luc est divorcé?   (trois mois)

_____

2. Depuis combien de temps est-ce que Jeanne grossit?   (six mois)

_____

3. Depuis combien de temps est-ce que Paul cherche un emploi?   (un an)

_____

4. Depuis quand est-ce que Mimi attend le train?   (cinq heures et demie)

_____

5. Depuis quand est-ce que Louise est mariée?   (dix-neuf cent quatre-vingts)

_____

6. Depuis quand est-ce que Nathalie travaille ici?   (juillet)

_____

E.   The expression _venir de_

Answer the following questions using venir de and the given response according to the model.

MODEL: Pouquoi est-ce que Marie est heureuse?   (avoir un enfant)

               Parce qu'elle vient d'avoir un enfant?

1. Pourquoi est-ce que Marc est nerveux?   (perdre son emploi)

_____

2. Pourquoi est-ce que Paul est triste?   (divorcer)

_____

3. Pourquoi est-ce que Normand est si fatigué?   (faire le ménage)

_____

4. Pourquoi est-ce que Margot et Eric sont heureux?   (se marier)

_____

5. Pourquoi est-ce que Claire et Jacqueline sont si contentes?   (trouver un emploi)

_____

Imperative

F.   The affirmative and negative imperative

Change the following sentences using the imperative according to the model.

a.   MODEL: Encouragez un copain . . .

                  à travailler vite.

                  Allons, travaille vite!

Encouragez un copain . . .

1. À partir tranquillement.

_____

2. À faire la vaisselle.

_____

3. À avoir de la patience.

_____

4. À être sage.

_____

5. À suivre un régime.

_____

6. À conduire prudemment.

_____

      b.   MODEL: Donnez un bon conseil à quelqu'un . . .

                     qui perd son temps.

                     Voyons, ne perdez pas votre temps!

Donnez un bon conseil à quelqu'un . . .

1. Qui reste tout le temps à la maison.

_____

2. Qui sort à minuit.

_____

3. Qui embrasse tout le monde.

_____

4. Qui fait des manières.

_____

5. Qui a peur du professeur.

_____

6. Qui est jaloux.

_____

Personal Pronouns

G. Third-person direct object pronouns

Answer the following questions using le, la, or les according to the model.

MODEL: Est-ce que tu aimes les jeunes filles?

Oui, je les aime, comme toi!

1. Est-ce que tu fais la grasse matinée?

   _____

2. Est-ce que tu aimes ton miroir?

   _____

3. Est-ce que tu détestes le chauvinisme?

   _____

4. Est-ce que tu refuses les rôles féminins traditionnels?

   _____

5. Est-ce que tu crains les criminels?

   _____

H. Third-person indirect object pronouns

Answer the following questions using lui or leur according to the model.

MODEL: Obéissez-vous à votre professeur?

Bien sûr je lui obéis!

1. Répondez-vous au professeur?

   _____

2. Parlez-vous aux féministes?

   _____

3. Pardonnez-vous à vos ennemis?

   _____

4. Mentez-vous aux personnes indiscrètes?

   _____

5. Écrivez-vous au Père Noël?

   _____

I. Y

Answer the following questions using y according to the model.

MODEL: Dort-elle en classe?

Elle y dort toujours!

1. Va-t-elle au cinéma?

   _____

2. Est-elle devant la télévision?

   _____

3. Bûche-t-elle à la bibliothèque?

   _____

4. Réussit-elle dans son cours?

   _____

5. Reste-t-elle dans sa chambre?

   _____

J. The pronoun *en*

Answer the following questions using __en__ and the given response according to the model.

MODEL: Est-ce que Gilbert a des problèmes?   (trop)

Il en a trop.

1. Est-ce que Marcel a des cours intéressants?   (beaucoup)

   _____

2. Est-ce que Léon connaît des cancres?   (peu)

   _____

3. Est-ce que Joséphine a des devoirs?   (trop)

   _____

4. Est-ce que François a des petites amies?   (peu)

   _____

5. Est-ce que Sylvie boit du lait?   (beaucoup)

   _____

K. One pronoun governed by an infinitive

Change the following sentences using the given pronoun according to the model.

MODEL: Est-ce que vous allez partager les travaux ménagers? (les)

              Oui, je vais les partager.

1. Est-ce que vous allez faire la vasselle? (la)

2. Est-ce que vous détestez passer les examens? (les)

3. Est-ce que vous voulez aller à cette soirée? (y)

4. Est-ce que vous aimez acheter des disques? (en)

5. Est-ce que vous aimez faire la cuisine? (la)

6. Est-ce que vous allez manger des oignons? (en)

L. Two pronouns with the main verb

Answer the following questions using the pronouns le, la, or les according to the model.

MODEL: Quand est-ce qu'il te donnera son numéro de téléphone?

              Il me le donnera demain.

1. Quand est-ce qu'il te montrera sa bicyclette?

2. Quand est-ce qu'il te donnera ses disques?

3. Quand est-ce qu'il te prêtera sa voiture?

4. Quand est-ce qu'il te présentera son copain?

5. Quand est-ce qu'il te vendra sa guitare?

6. Quand est-ce qu'il te donnera ses clés?

_____

M. Two pronouns governed by an infinitive

Answer the following questions using le, la, or les according to the model.

MODEL: Mademoiselle, allez-vous me vendre cette radio?

Je vais vous la vendre tout de suite.

1. Mademoiselle, allez-vous me recommander les meilleurs profs?

_____

2. Mademoiselle, allez-vous me prêter votre voiture?

_____

3. Mademoiselle, allez-vous me vendre ce disque?

_____

4. Mademoiselle, allez-vous m'envoyer votre adresse?

_____

5. Mademoiselle, allez-vous m'expliquer les pronoms?

_____

6. Mademoiselle, allez-vous me montrer votre joli sourire?

_____

N. The affirmative imperative followed by two object pronouns

Change the following sentences using the appropriate pronouns according to the model.

MODEL: Est-ce que je donne les compositions au professeur?

Donnez-les-lui.

1. Est-ce que je prête ces disques à Jérôme?

_____

2. Est-ce que j'offre ce cadeau à ma copine?

_____

3. Est-ce que je montre ces notes à mon père?

_____

4. Est-ce que je présente Sophie à Bruno?

_____

5. Est-ce que je présente Frédéric à Hélène?

_____

6. Est-ce que j'explique ces stéréotypes à ma fille?

_____

7. Est-ce que je prête ma bicyclette à Julie?

_____

O. Disjunctive pronouns

Answer the following questions using a disjunctive pronoun according to the model.

MODEL: Bavardez-vous avec vos parents?

Oui, je bavarde avec eux.

1. Avez-vous besoin de vos parents?

_____

2. Sortez-vous avec Isabelle?

_____

3. Pensez-vous à votre père?

_____

4. Pensez-vous à votre mère?

_____

5. Parlez-vous avec ces jeunes filles?

_____

6. Avez-vous rendez-vous avec Eugène?

_____

Lab Manual

Comprehension Exercise

A. Vocabulary

Which word does not belong in each series? Circle the number that corresponds to the answer.

a. 1   2   3   4

b. 1   2   3   4

c. 1   2   3   4

d. 1   2   3   4

e. 1   2   3   4

Dictée

B. Present Tense

Listen to the complete <u>dictée</u>. Then write each sentence during the pauses. The complete <u>dictée</u> will be reread so that you can check your accuracy.

_____

_____

_____

_____

_____

_____

_____

_____

_____

_____

_____

_____

Comprehension Exercise

C. Personal Pronouns

You will hear a series of questions, each followed by three answers. Circle the logical and correct answer.

1. a. Oui, j'aime beaucoup le faire.

    b. Oui, j'aime beaucoup les faire.

    c. Oui, ma mère les fait très bien.

2. a. Oui, et j'ai vu un très bon film.

    b. Non, elle a absolument refusé.

    c. Non, je ne veux pas y aller.

3. a. Oui, elle travaille à la maison.

    b. Oui, elle a un nouveau poste.

    c. Oui, elle est coquette.

4. a. Oui, il l'a épousée le mois dernier.

    b. Il va l'épouser à Paris.

    c. Il va se marier avec elle la semaine prochaine.

5. a. Elle était amoureuse de lui il y a cinq ans.

    b. Voilà deux ans qu'elle est amoureuse de lui.

    c. Oui, elle a été amoureuse de lui pendant dix ans.

Dictée

D. Personal pronouns and the present tense.

Listen to the complete <u>dictée</u>. Then write each sentence during the pauses. The complete <u>dictée</u> will be reread so that you can check your accuracy.

_____

_____

_____

_____

_____

_____

_____

Name: _____ Date: _____ Class: _____

_____

_____

_____

_____

_____

_____

_____

DVD Manual

Épisode 2   *La femme contemporaine*

ANTICIPATION

Avant de commencer

‹‹Liberté, Égalité, Fraternité››, devise *[motto]* de la République Française! Trois mots féminins qui ont cependant largement privilégié les hommes. Vous verrez en fin d'épisode 2 une liste de femmes françaises célèbres dans l'histoire du pays depuis le Moyen Âge jusqu'à nos jours. Pourtant, le droit de vote n'est permis aux Françaises qu'en 1945 malgré la Déclaration des Droits de l'Homme et du Citoyen dont le bicentenaire fut célébré il y a peu de temps. Or, la France républicaine est symbolisée par une figure féminine, Marianne, que vous voyez sur les pièces de monnaie et sur certains timbres. Par ailleurs, une chanson traditionnelle populaire évoque la ‹‹douce France, cher pays de mon enfance››, et l'histoire qualifie la France comme ‹‹la fille aînée de l'Église››. Le féminisme intellectuel français détient une place prépondérante dans le monde. Le gouvernement français compte un secrétariat d'état prépondérante dans le monde. Le gouvernement français compte un secrétariat d'état à la condition féminine et, en 1990 fut votée par l'Assemblée une loi anti-harcellement *[harassment]* qui impose des sanctions sévères sur toutes infractions.

Et pourtant les femmes continuent à militer pour obtenir dans la pratique leurs droits et bénéfices, notamment salariaux. Les congés payés *[paid leave]* de maternité sont généreux par rapport aux États-Unis, mais un pourcentage de plus en plus important de femmes est obligé de travailler pour subvenir aux besoins financiers *[meet the financial needs]* de la famille en touchant un second salaire. La scénette 1 vous propose une rubrique humoristique qui met en relief *[highlights]* les statistiques de la démographie féminine, vis-à-vis de la masculine. Des sondages probants révèlent des pratiques plus ou moins étonnantes, tout en respectant les limites de l'égalité. On peut aujourd'hui parler de la femme et de l'homme au foyer *[at home]*, et la vie active *[professional life]* s'applique aux deux sexes.

Cette première scénette se préoccupe de la population adulte. La seconde donne la parole aux adolescents. On retrouve dans les discours de ceux-ci les mêmes arguments que tiennent leurs parents: les jeunes filles revendiquent *[demand]* tous le droits, toutes les possibilités et tous les privilèges dont jouissent les jeunes gens, alors que ceux-ci sembleraient vouloir maintenir le status quo.

SCÉNETTE 1

Que savez-vous déjà?

À visionner la toute première image de cette scénette (arrêtez-vous dès la troisième seconde), vous savez du coup qu'il va s'agir de l'homme et de la femme? Dites pourquoi. Que suggère donc cette représentation édenique? Selon le geste de la femme dans l'atelier, que dirait-elle? Pourquoi la scie *[saw]* comme exemple de travail? Pouvez-vous faire une liste provisoire des autres sujets soulevés dans cette scénette? Vérifiez votre hypothèse avant de passer à la deuxième scénette.

Lexique

Substantifs

le chômage   *unemployment*
un empoisonnement   *poisoning*
un enfanticide   *child killing*
le logement   *housing*
du monde   *people*
un ouvrage   *here: chore*
le salarié   *salaried person*
la tâche   *task*
la voie   *thoroughfare*

Adjectifs

hebdomadaire   *weekly*
ménager(ère)   *household*
ouvrable   *working*
veuf(ve)   *widowed*

Verbes

s'adonner à   *to devote oneself to*
se charger de   *to take care of*
comptabiliser   *to clock*
cumuler   *to accumulate*
décider de   *to decide about*
éloigner   *to distance from*
gagner   *to earn*
gronder   *to scold*

Autres expressions

assurer la garde   *to look after*
chèque sans provision   *bad check*
en moyenne   *on the average*
exception faite de   *with the exception of*
par rapport à   *compared with*
resté en travers de la gorge   *stuck in the throat*
tierce personne   *third party*
vol à l'étalage   *shoplifting*

DÉNOUEMENT

Compréhension

A. En une ou deux phrases, résumez l'essentiel de cette scénette.

_____

_____

_____

_____

B. La scénette 1 est une suite de 14 petites vignettes. Visionnez-les et écoutez bien: (1) le jardin d'Éden; (2) promenade dans la rue; (3) au travail; (4) le banc des chômeurs; (5) la population féminine; (6) le couple au foyer; (7) la garde de l'enfant; (8) les loisirs; (9) la toilette; (10) le veuvage; (11) le crime; (12) les choix; (13) les sondages des jeunes; (14) l'égalité. Maintenant, complétez les phrases en quelques mots en vous référant au numéro de la vignette.

    (1) Elle lui est restée en travers de la gorge. Il s'agit chez l'homme de

       _____ .

    (2) Ils se ressemblent parce qu'ils _____ .

(3)   Il gagne plus qu'elle et pourtant _____

(4)   Deux femmes et un homme au chômage. C'est lui qui _____.

(5)   La population féminine est diversifiée: _____.

(6)   Qui travaille plus dur à la maison? _____.

(7)   Le travail _____ la maman de son bébé; papa en

_____ la charge.

(8)   Elle lit un _____; il lit les _____.

(9)   Dans la salle de bains on se brosse les dents, on se douche et on

_____.

(10)   Il est _____. Elle est _____.

(11)   Un homme lui vole presque tout. Heureusement, _____.

(12)   De quoi maman a-t-elle décidé pour les vacances? _____.

(13)   Les enfants veulent se marier mais ne veulent pas plus de _____
enfants.

(14)   L'homme peut s'adonner aux tâches ménagères, mais _____.

Vive la différence!

Quelles différences et quelles ressemblances culturelles avez-vous remarquées?

_____

_____

_____

_____

_____

Qu'en pensez-vous?

A. Cette scénette est satirique. Estimez-vous qu'on se moque de l'homme et de la femme avec égalité? Justifiez votre réponse.

B. À propos de la dernière image, tant que l'homme ne portera pas de bébé dans son ventre, il ne comprendra pas vraiment ce que c'est que d'assurer la charge d'un enfant. Menez le débat.

C. Dans la vignette 5, la voix off (masculine) nous dit que les femmes n'existent que «depuis une quinzaine d'années. Avant ça leur corps ne leur appartenait pas.» Spéculez sur le sens de cette remarque extraordinaire.

RENSEIGNEZ-VOUS!

A. À propos de la vignette 14, renseignez-vous sur l'expression «métro, boulot, dodo». Ensuite, déchiffrez le jeu de mots: «maître au boulot, maître au dodo».

B. Toujours à propos de la vignette 14, identifiez avec vos camarades ou un spécialiste en musique le titre et le compositeur du morceau musical que vous entendez en fond sonore. Ensuite, expliquez ce choix.

SCÉNETTE 2

Que savez-vous déjà?

À l'école une classe mixte (filles et garçons) mène un débat sur l'égalité des sexes. Faites d'abord la liste des sept intervenants. En principe, les conflits entre l'homme et la femme vis-à-vis de leur statut ont-ils fondamentalement changé? D'après cette scénette, peut-on espérer, en France au moins, que l'égalité des sexes est assurée avec la nouvelle génération? Justifiez votre réponse.

Lexique

Substantifs

le chef de famille   *head of household*
le ménage   *housework*
le parti   *side (as in taking sides)*

Verbes

dégoûter   *to disgust*
s'occuper de   *to take care of*
suffir   *to suffice*
tomber sur   *to stumble on*

Adjectifs

désolé   *sorry*

Autres expressions

à mi-temps   *half-time*
aussi bien que   *as well as*
autant (de) . . . que   *as much as*
pas mal de   *quite a few*
rien qu'à moi   *for me alone*
subvenir aux besoins   *to meet the needs*

DÉNOUEMENT

Compréhension

A. En une ou deux phrases, résumez l'essentiel de cette scénette.

_____

_____

_____

_____

B. Vrai ou faux? Cochez la réponse qui convient.

		Vrai	Faux
1.	Pour Jean-François, les filles assument toutes les responsabilités.	_____	_____
2.	Pour Lucille, lui doit s'occuper des enfants autant qu'elle.	_____	_____
3.	Jérôme estime que les tâches ménagères sont dégoûtantes.	_____	_____
4.	Steve veut bien le devoir de subvenir aux besoins financiers.	_____	_____
5.	Jean-Charles s'oppose aux arguments de Jérôme.	_____	_____
6.	Fabienne prétend qu'un salaire n'est pas assez.	_____	_____
7.	Édith peut, elle aussi, être chef de famille.	_____	_____

Vive la différence!

Quelles différences et quelles ressemblances culturelles avez-vous remarquées?

_____

_____

_____

_____

Qu'en pensez-vous?

A. ‹‹Tel père, tel fils.›› Ce proverbe est-il toujours valable? Justifiez votre réponse.

B. Menez votre propre débat sur la répartition idéale des rôles chez un jeune couple. Les résultats sont-ils les mêmes que ceux qui ont été obtenus dans cette classe française?

C. À l'aide de la grille ci-dessous, faites le portrait moral de chaque intervenant. Donnez à chacun trois traits de caractère.

	Pierre-François	Lucille	Jérôme	Steve	Jean-Charles	Fabienne	Édith
âge							
sexe							
progressiste?							
trait							
trait							
trait							

RENSEIGNEZ-VOUS!

A. Vous trouverez ci-dessous une liste de quatorze femmes qui ont beaucoup marqué l'histoire de la pensée sociale en France. Partagez-vous la tâche et allez chercher des renseignements sur ces individus. Faites un topo sur chacune et partagez vos trouvailles avec vos camarades de classe.

Aliénor d'Aquitaine	Marie Curie
Jeanne d'Arc	Simone de Beauvoir
Marie de France	Georges Sand
Louise Labé	Louise Michel
Diane de Poitiers	Hélène Cixous
Catherine de Médicis	Simone Veil
Madame de Maintenon	Olympe de Gouges

3 Workbook

Articles

A. *The definite article used in a general sense*

Answer the following questions using the appropriate article according to the model.

MODEL: Prenez-vous du vin?

         Mais oui, j'adore le vin!

1. Prenez-vous de la salade?

   _____

2. Prenez-vous du fromage?

   _____

3. Prenez-vous des escargots?

   _____

4. Prenez-vous du sucre?

   _____

5. Prenez-vous de l'eau minérale?

   _____

6. Prenez-vous des frites?

   _____

B. *The definite article indicating habitual recurrence*

Answer the following questions using the given words according to the model.

MODEL: Quand faites-vous la grasse matinée? (le samedi matin)

Je fais la grasse matinée le samedi matin.

1. Quand lisez-vous le journal? (le soir)

_____

2. Quand étudiez-vous? (le matin et le soir)

_____

3. Quand faites-vous votre lit? (le matin)

_____

4. Quand nettoyez-vous votre chambre? (le samedi après-midi)

_____

5. Quand allez-vous à l'église? (le dimanche matin)

_____

6. Quand jouez-vous au tennis? (le mercredi après-midi)

_____

C. *À with cities*

Answer the following questions using the given city according to the model.

MODEL: Le Parthénon se trouve à Rome! (Athènes)

Mais non, il se trouve à Athènes!

1. La tour penchée se trouve à Rome! (Pise)

_____

2. Le Vésuve se trouve à Rome! (Naples)

_____

3. La maison de Paul Revere se trouve à Philadelphie! (Boston)

_____

4. Le siège *(seat)* des Nations-Unies se trouve à Washington! (New York)

_____

5. La Vénus de Milo se trouve à Rome! (Paris)

_____

6. Le tombeau de Lénine se trouve à Leningrad! (Moscou)

_____

D. _En_ or _au(x)_ with countries

Answer the following questions using en or au(x) according to the models.

MODELS: Maman, où se trouve Madrid? (l'Espagne)

En Espagne, mon petit chat.

Maman, où se trouve Lisbonne? (le Portugal)

Au Portugal, mon petit chat.

1. Maman, où se trouve Moscou? (la Russie)

_____

2. Maman, où se trouve Montréal? (le Canada)

_____

3. Maman, où se trouve Pékin? (la Chine)

_____

4. Maman, où se trouve Boston? (les États-Unis)

_____

5. Maman, où se trouve Florence? (l'Italie)

_____

6. Maman, où se trouve Tokyo? (le Japon)

_____

7. Maman, où se trouve Londres? (l'Angleterre)

_____

8. Maman, où se trouve Mexico? (le Mexique)

_____

E. Omission of the article after _beaucoup de_

Answer the following questions using beaucoup de according to the model.

MODEL: Avez-vous de l'argent?

J'ai beaucoup d'argent!

1. Avez-vous des idées originales?

_____

2. Avez-vous du temps libre?

_____

3. Avez-vous de l'imagination?

_____

4. Avez-vous des problèmes?

_____

5. Avez-vous des discussions intéressantes?

_____

6. Avez-vous des amis fidèles?

_____

F.   The expression _ne_ . . . _pas de_

Answer the following questions using _ne_ . . . _pas de_ according to the model.

MODEL: Fais-tu du ski?

Je ne fais pas de ski, et toi?

1. Manques-tu des cours?

_____

2. Suis-tu des cours de psychologie?

_____

3. Connais-tu des Français?

_____

4. Achètes-tu des disques?

_____

5. As-tu de l'argent?

_____

6. As-tu des gosses?

_____

7. As-tu des disputes avec tes parents?

_____

G. Omission of the article with nouns of profession following _être_

Answer the following questions using the given word according to the model.

MODEL: Quelle était la profession de Balzac? (romancier)
          Il était romancier, je crois.

1. Quelle était la profession de Cézanne? (peintre)

   _____

2. Quelle était la profession d'Édith Piaf? (chanteuse)

   _____

3. Quelle était la profession de Le Corbusier? (architecte)

   _____

4. Quelle était la profession de Coco Chanel? (couturière)

   _____

5. Quelle était la profession de Gérard Philippe? (acteur)

   _____

6. Quelle était la profession de Debussy? (compositeur)

   _____

7. Quelle était la profession d'Antoine de Saint-Exupéry? (aviateur et écrivain)

   _____

8. Quelle était la profession de Madame Curie? (physicienne)

   _____

Lab Manual

Comprehension Exercises

A. Vocabulary

Which word does not belong in each series? Circle the number that corresponds to the answer.

a. 1   2   3   4

b. 1   2   3   4

c. 1   2   3   4

d. 1   2   3   4

e. 1   2   3   4

B. Vocabulary and articles

You will hear a series of questions or statements, each followed by three answers. Circle the logical and correct answer.

1. a.   Alors vous êtes son aînée.

   b.   Alors vous êtes sa cadette.

   c.   Alors vous êtes jumeaux.

2. a.   Bien sûr. Nous avons de très bons rapports.

   b.   Absolument. Nous sortons souvent ensemble.

   c.   Mais non, on s'entend très bien ensemble.

3. a.   Mais si, je l'ai giflée ce matin avant de quitter la maison.

   b.   Mais si, je lui désobéis toujours.

   c.   Mais si, je l'admire beaucoup.

4. a.   Ah oui, il lui a donné une bonne fessée.

   b.   Oui, et il la punit souvent.

   c.   Ah oui, son fils est toujours très sage.

5. a.   Les gosses sont chez moi depuis la semaine dernière.

   b.   Il n'y en a pas. Nous n'avons pas d'animaux.

   c.   Mes parents ont trois fils et deux filles.

Dictée

C. Articles

Listen to the complete <u>dictée</u>. Then write each sentence during the pauses. The complete <u>dictée</u> will be reread so that you can check your accuracy.

_____

_____

_____

_____

_____

_____

_____

_____

_____

_____

_____

_____

_____

_____

DVD Manual

Épisode 3   *La famille*

ANTICIPATION

Avant de commencer

Comme toute société qui est passée du cadre rural agricole au cadre urbain et industriel, au cadre post-industriel, la France a vu l'institution de la famille changer radicalement. Autrefois, la famille pouvait compter plusieurs générations domiciliées sous le même toit. Aujourd'hui, non seulement les générations ne partagent-elles plus la même maison, mais le divorce a touché un nombre record de familles où le stress de la vie quotidienne est exacerbé par l'absence de l'un des parents. D'ailleurs un nombre étonnant de personnes vivent seules. On appelle Paris la capitale de la solitude, tant les foyers à une personne sont nombreux, que ce soit le résultat du divorce, du veuvage, ou des enfants qui quittent le foyer pour «s'installer». A Paris encore, on compte plus de chiens que d'enfants, l'animal domestique comblant [*filling up*] le vide provoqué par l'absence d'un époux ou des enfants.

Un autre phénomène démographique: la dénatalité [*declining birthrate*], c'est-à-dire que la population de Français autochtones [*native*] est en baisse. Plus de familles nombreuses comme c'était la coutume jusqu'aux années cinquante. Par contre, les familles immigrées d'Afrique et d'Orient se multiplient. Les Français de souche natale [*native stock*] risquent de devenir une minorité dans leur propre pays. C'est là une des bases de la xénophobie répandue sur l'Hexagone. Ce sentiment a ses échos politiques: le parti politique d'extrême-droite, le Front national, et son leader, Jean-Marie Le Pen, préconisent [*advocate*] «la France pour les Français» et des lois qui mettraient à la porte les immigrés et qui fermeraient la porte à d'autres. Racisme et antisémitisme sont deux phénomènes qui font la une [*front page*] des journaux, maintenant que l'Islam est devenu la deuxième religion de France et que le libéralisme en Europe de l'est a également donné libre voie aux vieilles querelles nationalistes et aux haines qui les enflamment.

En France comme dans d'autres pays, la politique conservatrice de l'extrême-droite s'est toujours ralliée aux valeurs familiales, au travail débarrassé des syndicats et au nationalisme farouche [*fierce*]. À la devise républicaine, «liberté, égalité, fraternité», l'État Français collaborationniste avait déjà substitué en 1940 sa propre devise, «famille, travail, patrie». Ce même mouvement conservateur critiquerait vivement la désintégration de la famille comme on la découvre dans la première scénette. Elle critiquerait également le stress du travail qui éloigne les parents de leurs enfants, le centralisme et urbanisme de la région parisienne, et la dénatalité des Français. Il faudrait visionner l'épisode 2 sous cette optique et comprendre pourquoi la famille nombreuse des années cinquante (scénette 2) ne peut plus exister. Il faudrait également réfléchir sur les questions politiques, économiques et surtout morales que soulèvent les sujets abordés dans la scénette 3: le mouvement de la libération de la femme (M.L.F.), l'avortement, le divorce et la naissance in vitro [*test-tube*], dans un pays à priori catholique.

SCÉNETTE 1

Que savez-vous déjà?

Dans les deux vignettes qui vous sont proposées, même avec le son coupé, pouvez-vous deviner l'état civil [*marital status*] de Chantal et de Jacky? Quel mot dans le discours de Chantal domine qui souligne sa situation? Essayez de repérer le nom et l'âge des enfants dans ces deux foyers. Comment trouvez-vous Chantal… et Jacky? Croyez-vous que ces gens ont beaucoup de moyens [*means*]? Qui à votre avis est plus optimiste face à l'avenir?

Lexique

Substantifs

le cirque   *circus*
le comportement   *behavior*
la garde   *custody*
la lutte   *struggle*
le solfège   *solfeggio (sight reading)*
le trajet   *commute*

Verbes

calquer   *to match*
éduquer   *to raise (children)*
réaménager   *to reorganize*
remettre en question   *to question*
se tromper   *to be mistaken*

Adjectifs

acharné   *bitter*
affectif   *emotional*
contraignant   *restrictive*

Autres expressions

à mon sens   *to my way of thinking*
au lendemain   *the day after*
centre aéré   *outdoor sporting facility*
en fonction des heures   *depending on the hour*
être en droit d'attendre   *to have a right to expect*
hors de chez elle   *gone from home*
mon petit gars   *my little fellow*
sans pension alimentaire   *without alimony*

DÉNOUEMENT

Compréhension

A. En une ou deux phrases, résumez l'essentiel de cette scénette.

_____

_____

_____

_____

_____

B. *Cochez la réponse correcte.*

1. Chantal Stoll a des difficultés financières

    a.   parce qu'elle ne travaille pas assez

    b.   elle n'a pas de pension alimentaire

    c.   elle est acharnée

2. Julie Stoll

    a.   aime la musique

    b.   a quinze ans

    c.   reste hors de chez elle

3. Thomas Stoll

    a.   va à l'école de cirque

    b.   va au solfège

    c.   va au centre aéré

4. Jacky Michel

    a.   veut une vie affective

    b.   a réaménagé sa vie

    c.   n'a plus la garde de Maxime

5. Maxime Michel

    a.   ne voit jamais sa mère

    b.   a six ans

    c.   voyage beaucoup

6. Jacky veut

    a.   éduquer son petit gars

    b.   se remarier

    c.   sortir tous les soirs

Vive la différence!

Quelles différences et quelles ressemblances culturelles avez-vous remarquées?

_____

_____

_____

_____

Qu'en pensez-vous?

A. Récapitulez les trois problèmes principaux qu'évoque Chantal Stoll. Pensez-vous qu'elle a bien fait face aux contraintes du divorce? À votre sens, y a-t-il des problèmes encore plus graves que ceux qu'elle évoque? Lesquels?

B. Si vous étiez assistant(e) social(e), quelle opinion donneriez-vous sur l'atmosphère du foyer Stoll? Et du foyer Michel?

C. Imaginez une rencontre sentimentale entre Jacky et Chantal. En vous servant des mots et des expressions contenus dans cette scénette, inventez un dialogue entre ces deux individus.

RENSEIGNEZ-VOUS!

A. Faites un sondage avec vos camarades de classe sur le nombre de familles touchées par le divorce parmi vous. Trouvez-vous ces statistiques alarmantes? A quoi attribuez-vous ces résultats?

B. Le divorce à l'amiable [*no fault divorce*] est-il une bonne idée? Précisez.

SCÉNETTE 2

Que savez-vous déjà?

Où, quand, comment et chez qui ces deux enfants passent-ils leurs vacances? Comment s'appellent-ils? Où habitent-ils d'habitude? Quels sont les avantages d'une telle situation? Y a-t-il des inconvénients à votre avis?

Lexique

Substantifs

le bûcheronnage   *woodcutting*
la cantine   *school lunch room*
la cocotte   *sweetheart*
la mamie   *grandma*

Verbes

bricoler   *to do odd jobs*
s'ennuyer   *to be bored*
pêcher   *to fish*

Adjectif

renfermé   *withdrawn*

Autres expressions

histoire de cœur   *lovelife*
planter un clou   *to drive a nail*

DÉNOUEMENT

Compréhension

A. En une ou deux phrases, résumez l'essentiel de cette scénette.

_____

_____

_____

_____

_____

B. Visionnez et écoutez attentivement une autre fois, et remplissez les blancs avec le mot qui convient.

Mamie s'appelle _____. Elle essaie de rendre heureux ses petits-enfants en

leur préparant des _____. Ils en mangent rarement à Paris parce que, à l'

école, on n'en sert pas à la _____. Grand-père s'occupe surtout de

_____. Il lui a surtout appris à _____.

Valérie fait peu de confidences à sa mamie: elle est plutôt _____.

Vive la différence!

Quelle différences et quelles ressemblances culturelles avez-vous remarquées?

_____

_____

_____

_____

_____

Qu'en pensez-vous?

A. Voyez-vous ici des grands-parents idéals? Justifiez votre réponse.

B. Qu'est-ce qui vous plaît en particulier dans cette maison?

C. Est-ce que vous bricolez? Quelle importance attribuez-vous au bricolage? Grand-père dit: «Un homme doit savoir planter un clou sans se taper sur le doigt.» Commentez cette remarque.

RENSEIGNEZ-VOUS!

A. Les personnes du troisième âge [*senior citizens*] sont trop exclues. Renseignez-vous les uns auprès des autres sur le bien-fondé de cette proposition. Tenez compte du lexique de la scénette.

B. Vous correspondez avec Valérie et Benjamin. Imaginez une lettre que l'un et l'autre vous ont adressée, dans laquelle ils vous font des confidences sur leurs vacances.

SCÉNETTE 3

Que savez-vous déjà?

Quels changements remarquez-vous entre 1959 et 1987? Commentez la famille que vous voyez dans la première vignette. Comment peut-on caractériser les années 1965 à 1975 selon les images que vous voyez? À la différence des deux premières scénettes, quelles statistiques pouvez-vous repérer dans la troisième? «Le torchon brûle» signifie que deux conjoints [*spouses*] ou deux amis se disputent violemment. C'est d'ailleurs le titre d'un célèbre film comique. La situation ici est pourtant grave. Savez-vous déjà pourquoi?

Lexique

Substantifs

un avortement   *abortion*
le bébé-éprouvette   *test-tube baby*
la cible   *target*
la maîtrise   *control*
la mère-porteuse   *surrogate mother*
la pillule   *the pill*
la revendication   *demand*

Adjectifs

aberrant   *absurd*
conjugal   *married*
épanoui   *full and happy*

Verbes

se passer de   *to do without*
revendiquer   *to demand*

Autres expressions

rideau sur une époque!   *gone are the days!*
pas de temps mort   *no time wasted*

DÉNOUEMENT

Compréhension

A. En une ou deux phrases, résumez l'essentiel de cette scénette.

_____

_____

_____

_____

_____

B. Vrai ou faux? Visionnez encore une fois la scénette 3, et cochez la réponse qui convient.

		Vrai	Faux
1.	La famille Labé compte douze enfants.	_____	_____
2.	Le couple Labé est marié depuis 16 ans.	_____	_____
3.	M. Labé voudrait encore avoir des enfants.	_____	_____
4.	Les femmes revendiquent l'avortement libre.	_____	_____
5.	Amandine est le premier bébé-éprouvette.	_____	_____

Vive la différence!

Quelles différences et quelles ressemblances culturelles avez-vous remarquées?

_____

_____

_____

Qu'en pensez-vous?

A. Discutez les avantages et les inconvénients d'être élevé dans une famille très nombreuse comme la famille Labé.

B. La mère-porteuse déclare qu'elle a «fini son travail» et qu'elle n'a aucune envie de revoir le bébé qu'elle a porté. Avez-vous des réactions à cette déclaration faite à la presse? Précisez.

RENSEIGNEZ-VOUS!

A. Cherchez le sens de l'expression «mettre la charrue devant les bœufs». Repérez-la dans le script. Que veut dire la dame qui prononce ces mots?

B. L'avortement n'est pas remis en question [*challenged*] en France. Il est fortement remis en question aux États-Unis. Expliquez à un Français pourquoi cette controverse.

4 **Workbook**

Reflexives

A. *The present tense of reflexive verbs*

Answer the following questions using the given response according to the model.

    a.   MODEL: Quand est-ce que Gérard et Fannie se marient? (bientôt)
                      Ils se marient bientôt.

1. Quand est-ce que Georges se couche?   (quand il est fatigué)

    _____

2. Où est-ce que Suzette se lave?   (dans la douche)

    _____

3. À quelle heure est-ce que Victor se réveille?   (à 5 heures)

    _____

4. Où est-ce que les touristes se reposent?   (au café)

    _____

5. Quand est-ce que Raoul se fâche?   (toujours)

    _____

6. Où est-ce que Béatrice s'ennuie?   (partout)

    _____

b. MODEL: À quelle heure est-ce que tu te couches? (à onze heures)

Je me couche à onze heures.

1. À quelle heure est-ce que tu te réveilles? (à 7 heures)

_____

2. Où est-ce que tu t'amuses? (en ville)

_____

3. Où est-ce que tu t'ennuies? (à la campagne)

_____

4. Où est-ce que tu te promènes? (dans le parc)

_____

5. À quelle heure est-ce que tu te couches? (à 10 heures)

_____

6. Où est-ce que tu te reposes? (chez moi)

_____

B. *The negative of reflexive verbs*

Answer the following questions negatively according to the model.

MODEL: Est-ce que vous vous couchez après minuit?

Je ne me couche pas après minuit.

1. Est-ce que vous vous réveillez avec le soleil?

_____

2. Est-ce que vous vous amusez pendant un examen?

_____

3. Est-ce que vous vous déshabillez devant la fenêtre?

_____

4. Est-ce que vous vous moquez de vos parents?

_____

5. Est-ce que vous vous lavez constamment?

_____

6. Est-ce que vous vous ennuyez en ville?

_____

7. Est-ce que vous vous reposez dans la classe de français?

   _____

C. Reflexive verbs as complementary infinitives

Answer the following questions using the given pronoun according to the models.

MODELS: Il va s'endormir.   (je)

          Je vais m'endormir aussi.

          Ils vont se dépêcher.   (nous)

          Nous allons nous dépêcher aussi.

1. Elle va se laver.   (je)

   _____

2. Ils vont s'habiller.   (tu)

   _____

3. Elle va s'amuser.   (je)

   _____

4. Ils vont se marier.   (nous)

   _____

5. Il va s'ennuyer.   (tu)

   _____

6. Elle va se promener.   (vous)

   _____

D. The affirmative imperative of reflexive verbs

Respond to the following statements using the affirmative imperative according to the model.

MODEL: Tu dois te dépêcher!

          Dépêche-toi aussi!

1. Tu dois te laver!

   _____

2. Tu dois te taire!

   _____

3. Tu dois t'habiller!

   _____

4. Tu dois te coucher!

_____

5. Tu dois te lever!

_____

6. Tu dois te réveiller!

_____

E. The negative imperative of reflexive verbs

Respond to the following statements using the negative imperative according to the model.

MODEL: Je vais me lever.

            Non, ne te lève pas!

1. Je vais m'asseoir.

_____

2. Je vais me coucher.

_____

3. Je vais me lever.

_____

4. Je vais me dépêcher.

_____

5. Je vais me marier.

_____

6. Je vais me reposer.

_____

F. The verbs _se rappeler_ and _se souvenir de_

Restate the following sentences substituting _se rappeler_ for _se souvenir de_, and _se souvenir de_ for _se rappeler_, according to the models.

MODELS: Je me rappelle Barbara.

           Je me souviens de Barbara.

           Est-ce que tu te souviens de mon adresse?

           Est-ce que tu te rappelles mon adresse?

1. Je me rappelle son nom.

_____

2. Nous nous souvenons de vos parents.

_____

3. Est-ce que tu te souviens de cette personne?

_____

4. Je ne me rappelle pas la date.

_____

5. Ils ne se souviennent pas de Nadine.

_____

6. Est-ce que tu te rappelles ce film?

_____

Passé Composé

G. *Answer the following questions using the* <u>*passé composé*</u> *and the given response according to the model.*

MODEL: Quand est-ce que tu es arrivé(e)?   (hier soir)
          Je suis arrivé(e) hier soir.

1. Quand est-ce que tu es rentré(e)?   (hier matin)

_____

2. Qu'est-ce que tu as fait?   (du ski)

_____

3. Où est-ce que tu es allé(e)?   (à la pêche)

_____

4. Où est-ce que tu es tombé(e)?   (dans le métro)

_____

5. Qu'est-ce que tu as vu?   (un film français)

_____

6. Quel musée est-ce que tu as visité?   (le Louvre)

_____

7. Qu'est-ce que tu as attrapé?   (un gros poisson)

_____

H. *Answer the following questions using the* *passé composé* *according to the model.*

MODEL: Est-ce que vos copines vont arriver demain?

Elles sont arrivées hier.

1. Est-ce que vos copines vont partir demain?

    _____

2. Est-ce que vos copines vont visiter Notre-Dame demain?

    _____

3. Est-ce que vos copines vont faire des courses demain?

    _____

4. Est-ce que vos copines vont rentrer demain?

    _____

5. Est-ce que vos copines vont finir leur travail demain?

    _____

6. Est-ce que vos copines vont aller au cinéma demain?

    _____

I. *Answer the following questions using the* *passé composé* *of the given verb according to the model.*

MODEL: Qu'est-ce que vous avez fait quand l'ours a apparu?   (courir)

Nous avons couru!

Qu'est-ce que vous avez fait quand l'ours a apparu?

1. (crier) _____

    _____

2. (partir) _____

    _____

3. (trembler) _____

    _____

4. (se réveiller) _____

    _____

5. (se sauver—*to run away*) _____

    _____

J. *Passé composé* of reflexives

Respond to the following statements using the <u>passé composé</u> according to the model.

MODEL: Nous nous sommes levés à une heure du matin!

Moi aussi, je me suis levé(e) à une heure du matin!

1. Nous nous sommes couchés à minuit juste!

   _____

2. Nous nous sommes mariés trop jeunes!

   _____

3. Nous nous sommes ennuyés à cette soirée!

   _____

4. Nous nous sommes réveillés à quatre heures du matin!

   _____

5. Nous nous sommes perdus dans le bois.

   _____

6. Nous nous sommes levés trop tôt.

   _____

Imperfect

K. Imperfect: customary action

Answer the following questions using the imperfect according to the model.

MODEL: Vous ne lisez pas assez! Et quand vous étiez plus jeune?

Je lisais beaucoup quand j'étais plus jeune.

1. Vous n'étudiez pas assez! Et quand vous étiez plus jeune?

   _____

2. Vous ne mangez pas assez! Et quand vous étiez plus jeune?

   _____

3. Vous ne réfléchissez pas assez! Et quand vous étiez plus jeune?

   _____

4. Vous ne vous amusez pas assez! Et quand vous étiez plus jeune?

   _____

5. Vous ne dormez pas assez! Et quand vous étiez plus jeune?

_____

6. Vous ne sortez pas assez! Et quand vous étiez plus jeune?

_____

7. Vous ne vous promenez pas assez! Et quand vous étiez plus jeune?

_____

L. *Imperfect: continuing action interrupted by a past action*

Answer the following questions using the imperfect according to the model.

MODEL: Que faisiez-vous quand le voyou vous a attaqué(e)s?   (rentrer)

                Nous rentrions quand le voyou nous a attaqué(e)s!

Que faisiez-vous quand le voyou vous a attaqué(e)s?

1. Garer la voiture: _____

_____

2. dormir: _____

_____

3. sortir d'une boîte de nuit: _____

_____

4. descendre de l'autobus: _____

_____

5. faire les courses: _____

_____

6. quitter l'appartement: _____

_____

7. se promener: _____

_____

Lab Manual

Comprehension Exercise

A. *Vocabulary*

Which word does not belong in each series? Circle the number that corresponds to the answer.

a. 1   2   3   4

b. 1   2   3   4

c. 1   2   3   4

d. 1   2   3   4

e. 1   2   3   4

Dictée:

B. *Reflexive verbs*

Listen to the complete <u>dictée</u>. Then write each sentence during the pauses. The complete <u>dictée</u> will be reread so that you can check you accuracy.

_____

_____

_____

_____

_____

_____

_____

_____

_____

_____

_____

_____

Comprehension Exercise

C. Passé composé

You will hear a series of questions or statements, each followed by three answers. Circle the logical and correct answer.

1. a. Je me suis endormie tout de suite.

    b. J'ai fait des courses.

    c. Je lisais.

2. a. Non, elle ne se rappelle pas notre rendez-vous.

    b. Ah oui, parfaitement. Il est arrivé à huit heures précises.

    c. Non, il ne s'est pas souvenu de leur rendez-vous.

3. a. Mais si, j'y allais tous les étés quand j'étais petite.

    b. Si, si! Je lui ai rendu visite samedi dernier.

    c. Mais non! Je déteste la ville et tous ses problèmes.

4. a. Quand j'étais jeune, je faisais des pique-niques, et j'allais à la pêche.

    b. Je m'amuserai bien.

    c. Je ne me suis pas amusé. J'ai travaillé toute la semaine.

5. a. Une abeille l'a piqué quand il était jeune.

    b. Il s'intéresse à toutes sortes d'animaux depuis sa jeunesse.

    c. C'est pourquoi il adore coucher à la belle étoile.

Dictée

D. *Passé composé*

Listen to the complete <u>dictée</u>. Then write each sentence during the pauses. The complete <u>dictée</u> will be reread so that you can check your accuracy.

_____

_____

_____

_____

_____

_____

_____

_____

_____

_____

_____

_____

_____

_____

DVD Manual

Épisode 4   *La ville et la campagne*

ANTICIPATION

Avant de commencer

Quand on parle en France de la ville et la campagne on évoque automatiquement un certain nombre de sujets: le centralisme parisien, la dépopulation des campagnes, la rurbanisation, c'est-à-dire des citadins qui s'installent en milieu rural, le prix monstre de l'immobilier à Paris, l'espace pour habiter et pour se garer. Dans les cinq scénettes que vous allez visionner, cinq reportages se suivent, certains tristes, d'autres comiques. Regardez d'abord la carte ferroviaire de France dans l'appendice. Vous remarquerez que toutes les routes rayonnent à partir de Paris. La population de Paris et sa banlieue compte plus de onze millions d'habitants. Des villes nouvelles ont été construites pour répondre aux demandes de logements des immigrés non seulement de l'étranger mais aussi des provinces. Pour faire carrière, les jeunes Français ont toujours tendance à «monter à Paris», et à abandonner leur village. Un jeune profesionnel qui veut à tout prix réussir peut se plaire à la campagne en région parisienne, mais il aura aussi une adresse à Paris, ne serait-ce qu'une boîte postale [*be it only a post office box*] et un répondeur téléphonique.

Louer ou acheter un appartement à Paris est l'affaire de gens aisés [*of means*]. À la différence des villes américaines où les banlieues sont souvent peuplées de gens relativement aisés travaillant en ville, Paris est plutôt réservé aux riches, alors que les pauvres habitent la périphérie. On a longtemps appelé cette périphérie la «ceinture rouge» parce qu'elle abritait des ouvriers autrefois presque tous membres des syndicats communistes, notamment la C.G.T. (Confédération Générale des Travailleurs). La spéculation immobilière récente a transformé Paris en une des villes les plus chères du monde. Les logements sont souvent très petits, mais les loyers sont très élevés. Bien que la région parisienne ait des transports en commun sans égal au monde, les trains, les métros et les bus sont bondés [*packed*] pendant les heures d'affluence. Il en est de même pour les routes et les rues de la capitale, toutes bouchées [*blocked*] par des embouteillages [*traffic jams*] monstrueux.

Tout récemment, la mairie de Paris, dépassée par les automobilistes qui ne respectent pas les zones de stationnement interdit [*no parking*], a mobilisé les gendarmes pour pénaliser les contrevenants [*offenders*] en multipliant les procès-verbaux [*tickets*], les bottes de Denver, appareils attachés à une roue pour immobiliser la voiture, et l'enlèvement des voitures à la fourrière [*pound*], ce qui coûte à l'automobiliste jusqu'à 900 Euros s'il veut récupérer son véhicule.

Découragés, certains ont décidé de se retirer à la campagne. Un mouvement de rurbanisation se poursuit. Le T.G.V. (train à grande vitesse; voir Épisode 12, p. 83) qui bat systématiquement ses propres records de vitesse, dessert de plus en plus de villes provinciales. Il est donc possible de se rendre du centre de Paris au centre d'une capitale provinciale en moins de temps qu'il faut pour se rendre de Notre-Dame à Versailles, et en moins de temps qu'il faut si vous prenez l'avion. Le T.G.V., un des fleurons [*jewels*] de la technologie française, devait mieux décentraliser la France. Il aura peut-être comme effet de transformer toute la France en banlieue parisienne.

SCÉNETTE 1

Que savez-vous déjà?

Quelles différences voyez-vous entre les premières et les dernières images de cette scénette?

Lexique

Substantifs

le bilan *assessment*
la cité-dortoir *bedroom community*
une incitation *prodding*
le locataire *renter*
la natalité *birthrate*
le propriétaire *owner*
la récrudescence *upsurge*

Adjectif

vétuste *timeworn*

Verbes

s'établir *to settle*
veiller *to oversee*

Autres expressions

bon an mal an *in good or bad years*
cadre de vie *quality of life*

DÉNOUEMENT

Compréhension

A. En une ou deux phrase, résumez l'essentiel de cette scénette.

_____

_____

_____

_____

_____

B. Visionnez et écoutez attentivement la scénette et rétablissez l'ordre dans lequel les arguments pour les villes nouvelles sont donnés. Mettez le chiffre 1, 2, ou 3 selon cet ordre.

_____ la proximité avec lieux de travail

_____ le cadre de vie

_____ choisir son type de logement

C. Repérez les statistiques en écoutant la scénette une autre fois. Mettez les chiffres que vous entendez.

1. On commence par une référence aux années _____.

2. Il faut loger _____ personnes.

3. Une politique audacieuse: _____ à _____ logements sont construits.

4. Chaque année _____ habitants s'établissent.

5. Les locataires sont à _____ minutes de leur bureau.

Vive la différence!

Quelles différences et quelles ressemblances culturelles avez-vous remarquées?

_____

_____

_____

_____

Qu'en pensez-vous?

A. Préferez-vous habiter dans un appartement ou dans une maison individuelle? Justifiez votre choix.

B. Faites le bilan [weigh] des avantages et des inconvénients d'habiter en ville, en banlieue, à la campagne. Somme faite, quelle ambiance préférez-vous?

C. Les banlieues que vous connaissez sont-elles des cités-dortoirs? Expliquez.

RENSEIGNEZ-VOUS!

A. Choisissez une des villes nouvelles que vous voyez sur la carte en début de scénette. Faites un peu de recherches dans des livres que vous avez et formulez une brève documentation sur votre choix.

B. Cherchez dans une anthologie le poème de Joachim du Bellay intitulé «Heureux qui comme Ulysse... » Étudiez ce fameux sonnet en termes de la dynamique entre la ville et la campagne.

SCÉNETTE 2

Que savez-vous déjà?

À visionner tout simplement cette scénette, dans quel milieu sommes-nous? Que peut-on dire de la taille des appartements? Que faut-il faire pour aménager son espace quand il est si réduit?

Lexique

Substantifs

le bloc-hygiène   *sanitary unit*
le canapé-lit   *day bed*
le chauffe-eau   *water-heating unit*
le couchage   *sleeping unit*
un espace-loggia   *loggia space*
un évier   *kitchen sink*
le lavabo   *bathroom sink*
le lit-couchette   *bunkbed*
le rangement   *closet space*
le salon   *sitting room; trade show*
la table à manger   *dining table*
la table-basse   *cocktail table*
la table-télé   *TV table*

Adjectifs

réduit   *limited*
relevable   *fold-up*
superposé   *stacked*

Verbes

abriter   *here: to contain*
aménager   *here: to remodel*
coller   *to stick*
dédoubler   *to double as*
escamoter   *to hide away*
meubler   *to furnish*

Autres expressions

appareils compris   *appliances included*
formule gagne-place   *space-saving formula*
septième ciel   *seventh heaven*

DÉNOUEMENT

Compréhension

A. En une ou deux phrases, résumez l'essentiel de cette scénette.

_____

_____

_____

_____

_____

B. Rédigez une petite annonce dans le journal dans lequel vous proposez de sous-louer [sublet] le petit appartement d'Élizabeth Sissan. Récapitulez les données que vous connaissez déjà et ajoutez-y vos propres adjectifs pour convaincre un locataire éventuel. À quel prix le sous-louerez-vous s'il était dans votre ville? Combien estimez-vous qu'il coûte en plein Paris?

Vive la différence!

Quelles différences et quelles ressemblances culturelles avez-vous remarquées?

_____

_____

_____

_____

Qu'en pensez-vous?

A. Trouvez-vous du charme au logement d'Élizabeth Sissan ou le trouvez-vous claustrophobique? Expliquez.

B. Qu'est-ce qui vous plaît en particulier dans ce logement?

C. Après avoir visité le Salon Espace Plus, auriez-vous d'autres conseils à donner à Élizabeth? Proposez-lui un article qui lui serait utile, et expliquez-lui pourquoi.

RENSEIGNEZ-VOUS!

A. Renseignez-vous sur les prix de location pratiqués dans le centre de Paris. Êtes-vous surpris(e)? Comparez ces prix à ceux que vous connaissez dans votre milieu.

B. Dans un magazine français, examinez quelques pubs [ads] et repérez les anglicismes dans le langage quotidien et commercial. Quelles conclusions tirez-vous alors sur ce fameux lit en fin de scénette baptisé sky bed? Connaissez-vous des mots français utilisés dans les pubs aux États-Unis?

SCÉNETTE 3

Que savez-vous déjà?

Identifiez le milieu où se déroule cette scénette. Comment s'appelle cette commune? Que pouvez-vous dire sur l'ensemble de sa population? Faites une hypothèse sur la profession du personnage principal. Pourquoi les intervenants semblent-ils heureux?

Lexique

Substantifs

autrui	*others*
la bagnole	*jalopy*
la capote	*top (car)*
le curé	*parish priest*
le fossé	*ditch*
la messe	*mass*
la quête	*collection*
le vin d'honneur	*wine reception*

Adjectifs

croyant	*believer*
impeccable	*here: top-notch*
incroyant	*non-believer*

Verbes

chavirer	*to turn over*
se côtiser	*to take up a collection*
remercier	*to thank*
récolter	*to collect*
se résigner	*to resign oneself*
rouler	*to run (car)*
tenir à	*here: to hold dear*

Autres expressions

ça fait quelques lunes	*many moons ago*
deux-chevaux	*old Citroën passenger car*
quarantaine d'années	*some forty years*

DÉNOUEMENT

Compréhension

A. En une ou deux phrases, résumez l'essentiel de cette scénette.

_____

_____

_____

_____

_____

B. Le jeune garçon en voix off au début de la scénette récite un petit poème sur le fameux curé. Ses remarques sont suivies de celles d'un adulte. Appréciez la différence d'accent. Celle du garçon, ainsi que des autres membres de la commune de Bagnoles, est typiquement méridionale. Celle du reporter est parisienne. En voici la transcription:

> Il était une fois un curé de campagne
> Qui roulait en auto pour les besoins d'autrui.
> Celle-ci, sa vraie joie, seule et bonne compagne,
> Service lui rendait le jour comme la nuit.
>
> Mais un dimanche l'auto de l'abbé Ciréra
> Dans un fossé chavira.

Avez-vous noté les éléments suivants de la prononciation méridionale?

1. On prononce tous les «e».
2. Les nasales (an, en, on, om, am, em, un, in) sont moins marquées qu'en français du nord.

En lisant à haute voix, imitez l'accent méridional. Comment dirait-on la première strophe en accent du nord? Et la deuxième en accent du midi? En vous référant à la page 4, et l'accent québecois, essayez de prononcer ces petits vers en accent canadien. Adressez-vous à des Français que vous connaissez ou à vos professeurs pour vous aider.

B. Vrai ou faux? Visionnez encore une fois la scénette 3, et cochez la réponse qui convient.

	Vrai	Faux
1. Le curé de Bagnoles réside à Bagnoles.	_____	_____
2. L'abbé Ciréra offre un vin d'honneur à ses paroissiens.	_____	_____
3. La nouvelle deux-chevaux est neuve.	_____	_____
4. Bagnoles compte 300 habitants.	_____	_____
5. Le curé dit la messe à Bagnoles depuis 1947.	_____	_____

Vive la différence!

Quelles différences et quelles ressemblances culturelles avez-vous remarquées?

_____

_____

_____

_____

Qu'en pensez-vous?

A. D'après ce reportage, quelles sont vos impressions du curé de Bagnoles?

B. Pourquoi aimeriez-vous découvrir ce petit village au cours d'un voyage? Quelles questions aimeriez-vous poser au curé et aux paroissiens?

C. Les paroissiens de cette toute petite commune sont heureux d'avoir leur prêtre quand il en reste si peu. Pourquoi sont-ils devenus peu nombreux?

RENSEIGNEZ-VOUS!

A. La commune de Bagnoles se trouve dans le Minervois. À l'aide d'un atlas détaillé de la France, trouvez cette région et faites un petit topo sur elle.

B. Appréciez la toute dernière image de cette scénette. En quoi résume-t-elle l'anecdote?

SCÉNETTE 4

Que savez-vous déjà?

Les résidences que vous voyez, sont-elles de bonne qualité? Sont-elles luxueuses? Avec vos réponses à ces deux questions, pouvez-vous déjà spéculer sur le sens de cette scénette?

Lexique

Substantifs

le béton   *concrete*
le chiffre d'affaire   *gross income*
une exigence   *demand*
la foi   *faith*
le fossé   *gap*
un immobilier   *real estate*
le loyer   *rental*
le piston   *connection (political)*
le pot-de-vin   *bribe, kickback*
le prêt   *loan*
la volonté   *will*

Adjectifs

insalubre   *unsanitary*
optimisé   *made optimal*
prioritaire   *having priority*

Verbes

couler   *to pour*
éviter   *to avoid*
marchander   *to deal*
parrainer   *to sponsor*
racheter   *to buy up*
réhabiliter   *to rehabilitate*

Autres expressions

H.L.M. (Habitation à loyer modéré)   *low income housing*
mètre carré   *square meter*
nouveau-pauvre   *the new poor (vs. nouveau-riche)*

DÉNOUEMENT

Compréhension

A. En une ou deux phrases, résumez l'essentiel de cette scénette.

_____

_____

_____

_____

_____

B. Les deux derniers intervenants du groupe «Logement pour tous» résument la philosophie de cet organisme de professionnels de l'immobilier. Écoutez, suivez, et remplissez les blancs avec les mots qui manquent.

1. Répondant à des _____ de qualité, c'est que le

_____ se respecte, et que quelque soit l'itinéraire de la

_____, si nous la mettons dans un _____ qui

la respecte, elle-même _____ son cadre de vie.

2. Et donc cet aspect, _____ de l'équipe de «Logement pour tous», joint à leur

générosité, à leurs idées profondes de _____ qui nous ont séduit et qui nous ont permis de

réunir effectivement un plus grand consensus à l'intérieur de l'entreprise. Lorsque nous construisons, nous accom-

plissons une tâche qui n'est pas seulement celle de couler du béton et de gagner de l'argent, ce qui est naturel et

bon, mais aussi nous _____ une _____ très importante et

nous devons nous comporter en véritables responsables vis-à-vis des futurs _____

de nos _____.

C. Vrai ou faux? Visionnez encore une fois la scénette 4, et cochez la réponse qui convient.

		Vrai	Faux
1.	«Logement pour tous» est un organisme d'action sociale.	_____	_____
2.	La société HEVIM a parrainé «Logement pour tous»	_____	_____
3.	Les deux locataires interviewées sont mécontentes.	_____	_____
4.	Les loyers pratiqués par «Logement pour tous» sont élevés.	_____	_____
5.	En général, l'immobilier parisien est spéculatif.	_____	_____

Vive la différence!

Quelles différences et quelles ressemblances culturelles avez-vous remarquées?

_____

_____

_____

_____

_____

Qu'en pensez-vous?

A. Êtes-vous d'accord avec «Logement pour tous», comme quoi «le beau se respecte»?

B. Dans les H.L.M. que vous connaissez, y a-t-il un souci de la qualité de construction et de l'esthétique? Commentez.

RENSEIGNEZ-VOUS!

A. Dans une revue économique, cherchez les statistiques sur les loyers dans les grandes métropoles. Quelles sont les villes les plus chères?

B. Appréciez la toute dernière image de cette scénette. En quoi résume-t-elle l'anecdote?

SCÉNETTE 5

Que savez-vous déjà?

Selon les boutiques, dans quelle sorte de quartier sommes-nous? Pourquoi les riverains [local residents] font-ils ces bruits? Qui est l'objet de leur antagonisme? Comment cette personne est-elle habillée et que fait-elle?

Lexique

Substantifs

la contractuelle   *traffic cop*
un ennemi   *enemy*
un éveil   *awakedness*
la haine   *hatred*
une inquiétude   *concern*
la pervenche   *periwinkle; blue; meter maid*
le riverain   *local resident*

Verbes

claxonner   *to honk*
s'éveiller   *to awaken*
se gausser   *to poke fun*

Adjectifs

interdit   *forbidden*
réticent   *reticent*
sauf/ve   *safe*

Autres expressions

au petit bonheur   *haphazardly*
on s'est fait avoir   *we were had*

DÉNOUEMENT

Compréhension

A. En une ou deux phrases, résumez l'essentiel de cette scénette.

_____

_____

_____

_____

_____

B. Cochez la réponse correcte.

1. Les pervenches paraissent à partir de

   a. 8 heures

   b. 9 heures

   c. 10 heures

2. Les pervenches sont des

   a. artistes

   b. contractuelles

   c. commerçantes

3. Les riverains de la rue des Beaux-Arts

   a. aiment les pervenches

   b. se rebellent contre l'état tout-puissant

   c. sont toujours réticents

Vive la différence!

Quelles différences et quelles ressemblances culturelles avez-vous remarquées?

_____

_____

_____

_____

Qu'en pensez-vous?

A. Racontez votre expérience où vous avez partagé la même haine envers les contractuelles que les riverains de la rue des Beaux-Arts?

B. En quoi est-il juste de manifester contre l'état tout-puissant en s'attaquant aux simples contractuelles?

C. Faut-il prendre l'action des riverains au sérieux? Expliquez pourquoi ou pourquoi pas.

RENSEIGNEZ-VOUS!

A. Visionnez attentivement et essayer de comprendre ce qu'il faut faire à Paris pour respecter le stationnement payant.

B. À votre avis, pourquoi cette rue a-t-elle réussi à se mobiliser de façon solidaire contre les pervenches?

5 Workbook

Interrogatives

A. Formation of questions using inversion: compound verbs

Change the following questions using inversion according to the model.

MODEL: Est-ce que tu as rencontré Pierre?

As-tu rencontré Pierre?

1. Est-ce que vous avez compris?

   _____

2. Est-ce que tu as réussi?

   _____

3. Est-ce que nous sommes arrivés?

   _____

4. Est-ce que tu as vu ce snob?

   _____

5. Est-ce que le plombier est venu?

   _____

6. Est-ce que les ouvriers ont fait la grève?

   _____

7. Est-ce que ton ami a choisi un bon métier?

   _____

B. The interrogative _pourquoi_

_Beginning your questions with _pourquoi_, ask a question that elicits the given response according to the model._

MODEL: Il quitte la ville parce qu'il y a trop de pollution.

                Pourquoi est-ce qu'il quitte la ville?

1. Elle devient médecin parce qu'elle veut gagner beaucoup d'argent.

   _____

2. Il gaspille son temps parce qu'il est paresseux.

   _____

3. Il quitte cette fille charmante parce qu'elle le trompe.

   _____

4. Ils veulent divorcer parce qu'ils ne s'aiment plus.

   _____

5. Elle travaille beaucoup parce qu'elle veut réussir.

   _____

6. Il faut faire beaucoup d'exercices parce que la grammaire est difficile.

   _____

7. Elle a mal à la tête parce qu'il fait trop chaud.

   _____

C. The interrogative pronoun _qu'est-ce que_

_Change and answer the following questions using _qu'est-ce que_ according to the model._

MODEL: Qu'écris-tu?   (une lettre)

                Qu'est-ce que j'écris? Une lettre.

1. Que gagnes-tu?   (un bon salaire)

   _____

2. Que désires-tu?   (réussir)

   _____

3. Que cherches-tu?   (la sécurité)

   _____

4. Que veux-tu?   (un travail intéressant)

   _____

5. Que crains-tu?   (la pauvreté)

_____

6. Qu'as-tu l'intention de faire?   (impressionner tout le monde)

_____

7. Que détestes-tu?   (les gens paresseux)

_____

D. The interrogative pronoun qu'est-ce qui

Using qu'est-ce qui, *ask a question that elicits the given response according to the model.*

MODEL: L'argent impressionne Gigi.

Qu'est-ce qui impressionne Gigi?

1. Les voitures de sport impressionnent Gigi.

_____

2. Le chômage préoccupe les ouvriers.

_____

3. Le rock amuse les jeunes.

_____

4. L'argent intéresse les riches.

_____

5. La grève gêne le patron.

_____

E. The interrogative pronouns qui and quoi with a preposition

Beginning your questions with a preposition + qui *or* quoi, *ask a question that elicits the given response according to the models.*

MODELS: Elle est venue avec un copain.

Avec qui est-elle venue?

Il a besoin d'argent.

De quoi a-t-il besoin?

1. Il parle de son nouveau métier.

_____

2. Il travaille pour le nouveau directeur.

_____

3. Elle téléphone au patron.

_____

4. Elle a besoin d'une nouvelle voiture.

_____

5. Elle est assise près d'un jeune homme.

_____

6. Il a mis son nom sur le livre.

_____

7. Il a acheté sa bicyclette avec l'argent qu'il a gagné.

_____

F. The interrogative object pronouns _qui_ and _qu'est-ce que_

Beginning your sentences with _qui_ or _qu'est-ce que_, ask a question that elicits the given response according to the models.

MODELS: Il a attendu l'électricien.

Qui-a-t-il attendu?

Elle a acheté une voiture.

Qu'est-ce qu'elle a acheté?

1. Elle a réparé sa voiture.

_____

2. Elle a épousé un homme d'affaires.

_____

3. Il a appelé l'agent de police.

_____

4. Il a fini son travail.

_____

5. Elle a attendu le plombier.

_____

6. Il a frappé le patron.

_____

7. Elle déteste les manières grossières.

_____

8. Il conduit une voiture de sport.

_____

G. The interrogative adjective *quel*

*Beginning your questions with the appropriate form of *quel*, ask a question that elicits the given response according to the model.*

MODEL: Je préfère ce vin-là.

          Quel vin préférez-vous?

1. J'aime ce professeur-là.

_____

2. J'ai acheté cette voiture-là.

_____

3. Je suis né(e) dans cette maison-là.

_____

4. Je sors avec cette jeune fille-là.

_____

5. Je déplore ces manières-là.

_____

6. J'admire ce chapeau-là.

_____

7. Je déteste ces snobs-là!

_____

Negatives

H. The negative *ne … pas* with compound verbs

*Answer the following questions using *ne … pas* according to the model.*

MODEL: Avez-vous lu cet article?

          Malheureusement, je n'ai pas lu cet article.

1. Avez-vous amélioré votre condition sociale?

_____

2. Êtes-vous sorti(e) des taudis?

_____

3. Avez-vous réussi?

_____

4. Êtes-vous devenu(e) millionnaire?

_____

5. Avez-vous impressionné le patron?

_____

6. Avez-vous été bien élevé(e)?

_____

7. Avez-vous aidé les pauvres?

_____

I. The negative _ne_ ... _pas_ before an infinitive

_Answer the following questions using _ne_ ... _pas_ according to the model._

MODEL: Il a dit de venir tard, n'est-ce pas?

Au contraire, il a dit de ne pas venir tard.

1. Elle a dit de parler français, n'est-ce pas?

_____

2. Il préfère vivre dans les taudis, n'est-ce pas?

_____

3. Il préfère regarder la télé, n'est-ce pas?

_____

4. Il a décidé de faire la grève, n'est-ce pas?

_____

5. Il est difficile de grossir, n'est-ce pas?

_____

J. The negative _ne_ ... _jamais_

_Answer the following questions using _ne_ ... _jamais_ according to the model._

MODEL: Avez-vous jamais vu un tel arriviste?

Moi, je n'ai jamais vu un tel arriviste.

1. Avez-vous jamais détesté le luxe?

_____

2. Avez-vous jamais connu la misère?

_____

3. Avez-vous jamais été exploité(e)?

_____

4. Êtes-vous jamais allé(e) à Tahiti?

_____

5. Avez-vous jamais fait la gréve?

_____

6. Êtes-vous jamais entré(e) dans une boutique française?

_____

K. The negative *ne ... plus*

Answer the following questions using *ne ... plus* *according to the model.*

MODEL: Est-ce que vos parents s'entendent toujours?
           Hélas, ils ne s'entendent plus!

1. Est-ce que votre soeur est toujours heureuse?

_____

2. Est-ce que vos amis sont toujours mariés?

_____

3. Est-ce que les ouvriers sont toujours contents?

_____

4. Est-ce que les magasins sont toujours ouverts?

_____

5. Est-ce que Gérard et Odette s'aiment toujours?

_____

6. Est-ce que Chantal travaille toujours?

_____

7. Est-ce que votre cousine est toujours riche?

_____

L. The expression _ne ... que_

Answer the following questions using _ne ... que_ and the given response according to the model.

MODEL: Combien de francs as-tu?   (trois)

Je n'en ai que trois.

1. Combien de bonbons as-tu?   (cinq)

   _____

2. Combien de bicyclettes as-tu?   (une)

   _____

3. Combien de chats as-tu?   (six)

   _____

4. Combien de bons amis as-tu?   (deux)

   _____

5. Combien de professeurs de français as-tu?   (un)

   _____

M. The negatives _rien ne_ and _personne ne_ as subjects

Answer the following questions using _rien ne_ or _personne ne_ according to the models.

MODELS: Qui est clochard ici?

Personne n'est clochard ici.

Qu'est-ce qui intéresse ce millionnaire?

Rien n'intéresse ce millionnaire.

1. Qui a faim?

   _____

2. Qu'est-ce qui améliore sa situation?

   _____

3. Qui a aidé le clochard?

   _____

4. Qu'est-ce qui peut plaire au patron?

   _____

5. Qui a téléphoné au plombier?

   _____

6. Qui va à la bibliothèque?

   _____

7. Qu'est-ce qui est facile?

   _____

N. ***The negatives rien de and personne de as objects***

Answer the following questions using rien de or personne de according to the models.

MODELS: A-t-il dit quelque chose d'intéressant?

Il n'a rien dit d'intéressant.

Avez-vous trouvé quelqu'un d'exceptionnel?

Je n'ai trouvé personne d'exceptionnel.

1. A-t-il vu quelque chose de bizarre?

   _____

2. Avez-vous connu quelqu'un d'exceptionnel?

   _____

3. A-t-il dit quelque chose de grossier?

   _____

4. A-t-elle fait quelque chose de remarquable?

   _____

5. Avez-vous bu quelque chose de bon?

   _____

6. A-t-il fait quelque chose d'intéressant?

   _____

7. Avez-vous trouvé quelqu'un de raffiné?

   _____

Lab Manual

Comprehension Exercises

A. Interrogatives

You will hear a series of answers, each followed by three questions. Circle the logical and correct question.

1. a. Pourquoi Robert a-t-il acheté sa nouvelle voiture de sport?

   b. Quand Robert a-t-il acheté sa nouvelle voiture de sport?

   c. Où Robert a-t-il acheté sa nouvelle voiture de sport?

2. a. Quel est le nom de ce clochard?

   b. Qu'est-ce que c'est qu'un clochard?

   c. Qu'est-ce que c'est que le luxe?

3. a. Qui intéresse Brigitte?

   b. Qu'est-ce que c'est que l'argent?

   c. Qu'est-ce qui intéresse Brigitte?

4. a. Marie et Louise ont de la classe, n'est-ce pas?

   b. Marie-Louise a de la classe, n'est-ce pas?

   c. Louis a beaucoup de classe, n'est-ce pas?

5. a. Comment est votre patron?

   b. Quand votre patron est-il sympathique?

   c. Comment sont vos patrons?

6. a. Quels sont vos sports préférés?

   b. Quels sont leurs sports préférés?

   c. Quel est son sport préféré?

B. Vocabulary

Which word does not belong in each series? Circle the number that corresponds to the answer.

a.   1   2   3   4

b.   1   2   3   4

c.   1   2   3   4

d.   1   2   3   4

Dictée

C. Interrogatives

Listen to the complete <u>dictée</u>. Then write each sentence during the pauses. The complete <u>dictée</u> will be reread so that you can check your accuracy.

_____

_____

_____

_____

_____

_____

_____

_____

_____

_____

_____

_____

_____

_____

Comprehension Exercises

D. Negatives

You will hear a series of questions, each followed by three answers. Circle the logical and correct answer.

1. a. Non, je ne suis pas médecin.

   b. Nous ne voulons devenir ni avocat ni médecin.

   c. Je ne veux devenir ni avocat ni médecin.

2. a. Je n'ai aucune envie d'y travailler.

   b. Il n'y a pas de quoi.

   c. Je commence à travailler à huit heures et demie.

3. a. Non, elle ne les aide plus.

   b. Oui, ils l'aident encore.

   c. Oui, elle les exploite encore.

E. *Interrogatives & Negatives*

You will hear a series of answers, each followed by three questions. Circle the logical and correct question.

1. a. Qui avez-vous vu à la télé?

   b. Qu'est-ce que vous avez fait devant la télé?

   c. Qu'est-ce que vous avez vu à la télé?

2. a. A-t-il beaucoup d'ambition?

   b. Ont-elles jamais eu de l'ambition?

   c. Avez-vous encore de l'ambition?

3. a. Combien de secrétaires ont-ils?

   b. Combien de voitures ont-elles?

   c. Combien d'argent a-t-elle?

Dictée

F. *Negatives*

Listen to the complete <u>dictée</u>. Then write each sentence during the pauses. The complete <u>dictée</u> will be reread so that you can check your accuracy.

DVD Manual

Épisode 5   *Les classes sociales*

ANTICIPATION

Avant de commencer

La France est un pays riche, mais comme tous les pays industrialisés, elle compte aussi de nombreux problèmes économiques et sociaux: le chômage, les transports en commun, la pollution, le crime et la toxicomanie [*substance abuse*]. Par ailleurs, la France accueille depuis longtemps des populations étrangères importantes. Aujourd'hui, dans l'Hexagone se confrontent des communautés de races et de religions diverses, notamment la communauté musulmane. L'Islam est aujourd'hui la deuxième religion de France. Ses pratiquants, venus d'Afrique et du Moyen-Orient, ont souvent laissé leur famille au pays natal, pour trouver un travail qui leur permettrait, dans un deuxième temps, soit de rentrer chez eux, soit de faire venir leur famille auprès d'eux. Ici se pose la grave question du logement. La France connaît les facheux problèmes de racisme, intégrisme [*fundamentalism*] et intégration. Pour répondre aux appels du Président François Mitterrand, soucieux de régler le statut des immigrés, on a construit des cités H.L.M. (habitation à loyer modéré), où les voisins d'origine étrangère et les Français de souche [*native French*] non seulement coexistent, mais se voient, pour mieux se connaître, pour mieux se comprendre. C'est le sujet de la première scénette.

Si la première scénette veut nous sensibiliser aux problèmes du Quart monde—nom donné aux communautés défavorisées—la deuxième et la troisième scénette montrent qu'il existe des classes sociales même dans le cadre limité des riches, et que le luxe, longtemps une industrie de marque en France, se redéfinit. Vous noterez ainsi que les contrepartistes [*stock exchange traders*] à la Bourse de Paris comptent d'anciens négociants qui s'offrent un repas du déjeuner correct. Les nouveaux jeunes ambitieux se contentent du fast-food (voir Épisode 8, p. 59) pour ne pas manquer une occasion de gagner un peu plus. Dans la même veine, vous noterez que les jeunes estiment que le luxe n'est plus le domaine privilégié des riches: grâce aux médias et à la publicité (voir Épisode 16, p. 115), le luxe est accessible à tous. C'est une expression de liberté personnelle.

SCÉNETTE 1

Que savez-vous déjà?

Comment s'appellent chez vous les habitations à loyer modéré (H.L.M.)? En trouve-t-on dans les villes ainsi qu'en milieu rural? Si vous connaissez ce milieu, décrivez-le, sinon articulez les idées que vous en avez. Comment ces habitants sont-ils perçus?

Lexique

Substantifs

la cage d'escalier   *stairwell*
le foyer   *home*
le logement   *housing*
le loyer   *rent*
le pavillon   *housing unit*

Verbes

goûter   *to snack*
loger   *to live*
mélanger   *to mix*

Adjectif

provisoire   *temporary*

Autres expressions

ça joue   *it comes into play*
ça tient à quoi?   *it's due to what?*
je suis pour   *I'm in favor*
on (ne) se rend pas compte   *you don't realize*
pas grand-chose   *not much*
près des commerces et des écoles   *close to shopping and schools*

DÉNOUEMENT

Compréhension

A. En une ou deux phrases, résumez l'essentiel de cette scénette.

_____

_____

_____

_____

_____

B. Cochez la réponse correcte.

1. Djilali Larab

    a.   est célibataire

    b.   a quitté sa femme

    c.   est marié

2. La cité H.L.M. en question

    a.   refuse la ségrégation

    b.   ne loge que des étrangers

    c.   loge peu de Français

3. Les enfants rentrent goûter parce qu'ils

    a. sont comme les Français

    b. logent près de l'école

    c. aiment les escaliers

4. La cité H.L.M. encourage le contact grâce

    a. à la religion musulmane

    b. aux cages d'escaliers extérieurs

    c. au locataire français

Vive la différence!

Quelles différences et quelles ressemblances culturelles avez-vous remarquées?

_____

_____

_____

_____

_____

_____

Qu'en pensez-vous?

A. L'environnement architectural de cette cité H.L.M. suffit pour assurer l'intégration des communautés. Discutez de ce problème en petits groupes, faites la liste des avantages et des inconvénients et justifiez vos réponses. Une personne se chargera de résumer les idées proposées par votre groupe et les partagera avec la classe, à l'oral.

B. Estimez-vous qu'il y ait suffisamment de H.L.M. dans votre pays? Justifiez votre réponse.

C. À votre avis, quels critères doit-on respecter dans la construction des H.L.M.?

RENSEIGNEZ-VOUS!

A. Repérez tous les éléments géographiques que vous pouvez, y compris les lieux indiqués sur l'écran (en haut à gauche), et situez-les sur la carte de la francophonie dans l'appendice. À votre avis, pourquoi ces ensembles sont-ils construits en banlieue?

B. Si vous en avez les moyens techniques, faites un arrêt sur image quand vous voyez les noms des locataires. Dressez la liste des locataires que vous arrivez à identifier. Ensuite faites un mini-recensement [census] où vous indiquerez le numéro d'appartement du locataire, quel escalier il faut emprunter pour se rendre chez lui, à quel étage il loge, et s'il est vraisemblablement français ou étranger. Exemple: Chentouf loge au troisième étage, escalier C, dans l'appartement numéro 25. Il est vraisemblablement étranger.

C. Imaginez un dialogue entre Djilali Larab et Max Lievaux. En vous appuyant sur le contenu et le lexique de cet épisode et en donnant libre cours à votre imagination, quelles questions se poseraient-ils? Que souhaiteraient-ils se dire?

D. Djilali Larab est originaire d'Algérie. Situez ce pays sur la carte de la francophonie dans l'appendice, et faites un topo sur l'histoire de ce pays. Renseignez-vous sur la situation actuelle de l'Algérie et tâchez de comprendre les motifs de l'immigration.

SCÉNETTE 2

Que savez-vous déjà?

Avez-vous des notions de la bourse? Vous voyez deux générations de contrepartistes. Comment les différences entre les deux se manifestent-elles? Pouvez-vous tirer des conclusions sur les professionnels de la bourse d'hier et d'aujourd'hui?

Lexique

Substantifs

le clodot	*bum*
la fougue	*drive*
la guenon	*female monkey*
le local	*facility (place)*
le mendigot	*beggar*
le pot-au-feu	*stew*
la salade niçoise	*tuna salad*
la tripe	*tripe*
le yaourt	*yogurt*

Adjectifs

boursier	*pertaining to the stock exchange*
plaqué-or	*gold-plated*

Verbe

s'offusquer   *to be offended*

Autres expressions

classe-biberon	*upstarts*
dresser la table	*to set the table*
Palais Grognard	*Paris Stock Exchange*

DÉNOUEMENT

Compréhension

A. En une ou deux phrases, résumez l'essentiel de cette scénette.

_____

_____

_____

_____

_____

B. Cochez la réponse correcte.

1. Un Golden Boy c'est

   a. un mendigot

   b. une classe-biberon

   c. un vieux contrepartiste

2. Le pot-au-feu se mange normalement

   a. en hiver

   b. en été

   c. au printemps

3. On mange un yaourt parce que c'est

   a. rapide

   b. bon

   c. à la mode

4. Quand on s'offusque

   a. on dresse la table

   b. on trouve désagréable

   c. on est d'accord

C. Faites la liste des expressions anglophones que vous entendez et expliquez l'emploi de ces expressions.

Vive la différence!

Quelles différences et quelles ressemblances culturelles avez-vous remarquées?

_____

_____

_____

_____

_____

Qu'en pensez-vous?

A. Prenez-vous le parti des vieux ou des jeunes? Justifiez votre réponse.

B. Pourquoi «plaqué-or» semble-t-il plus convenable que «Golden Boy»?

C. Du point de vue alimentaire, les jeunes ont-ils vraiment tort? Expliquez.

RENSEIGNEZ-VOUS!

A. Cherchez des recettes pour un pot-au-feu et pour une salade niçoise. Proposez d'en préparer une pour votre club de français. Êtes-vous amateur de yaourt? Dites pourquoi ou pourquoi pas.

B. Comment expliquer le sens de l'expression «classe-biberon».

C. En moyenne combien dépensent les anciens Golden Boys pour le déjeuner? Et les jeunes? Quelles conclusions en tirez-vous?

D. M. Jean-Charles Barbars, un ex-Golden Boy traîte les jeunes de «guenons». Pourquoi cette critique sévère? La voix-off poursuit: «ah, ça, c'est dur à avaler». Expliquez le calembour [*pun*].

E. Imaginez un dialogue entre M. Francis-Jacques Lallia et une jeune «plaquée-or» qui se rencontrent à 11h45 devant le Palais Grognard. Que pourraient-ils se dire?

SCÉNETTE 3

Que savez-vous déjà?

Quelle sorte de magasin est Chaumet? Que peut-on y trouver? Les personnes qui font le lèche-vitrine [window shopping] vous surprennent-elles? Quelles impressions vous faites-vous des jeunes gens interviewés? Quel mot revient constamment dans les dialogues? Cette scénette tombe-t-elle bien juste après le document précédent sur les Golden Boys? Précisez.

Lexique

Substantifs

un amateur	*fan*
la dérision	*derision*
un héritier	*heir*
le matériau	*building material*
le préjugé	*prejudice*
le renouveau	*renewal*

Autres expressions

à la limite	*if push came to shove*
rivière de diamants	*diamond necklace*
trois sous	*inexpensive*

Adjectif

grand bourgeois	*upper middle-class*

Verbes

bosser	*to work (pop.)*
posséder	*to possess*
séduire	*to seduce*

DÉNOUEMENT

Compréhension

A. En une ou deux phrases, résumez l'essentiel de cette scénette.

_____

_____

_____

_____

B. Pour chacun des jeunes interviewés, indiquez quels sont leurs exemples de ce que c'est que le luxe.

1. Joséphine: _____

2. Marc: _____

3. Agnès: _____

C. Visionnez et écoutez bien. La journaliste en voix off se sert de nombreux adjectifs qui qualifient le luxe aujour-d'hui. Pouvez-vous en faire la liste? Comparez vos résultats avec ceux de vos camarades.

_____

_____

D. En groupe faites également la liste de articles de luxe que vous voyez tout au long de cette scénette. Comparez vos résultats avec ceux de vos camarades.

_____

_____

_____

_____

_____

Vive la différence!

Quelles différences et quelles ressemblances culturelles avez-vous remarquées?

_____

_____

_____

_____

_____

Qu'en pensez-vous?

A. Êtes-vous personnellement séduit(e) par le luxe? Pourquoi ou pourquoi pas?

B. Quels articles possédez-vous qui pourraient être considérés comme articles de luxe? Justifiez votre réponse.

C. Le luxe est un phénomène fondamentalement relatif. Discutez.

D. Parmi les trois personnes interviewées qui est moralement le plus proche de vous et qui est le plus éloigné? Dites pourquoi.

E. Donnez votre propre définition du luxe.

RENSEIGNEZ-VOUS!

A. Faites un sondage auprès de vos amis en leur demandant de définir le luxe. Partagez vos résultats avec la classe. Estimez-vous que les jeunes d'aujourd'hui n'ont pas peur du luxe, comme le prétend cette rubrique?

B. Vous avez le choix d'un seul article parmi ceux que vous voyez dans cette scénette et qui vous est offert gratuitement. Lequel prenez-vous? Dites pourquoi.

C. Agnès, le porte-parole des excentriques, nous dit que «le luxe, c'est se moquer du luxe tel qu'on se l'imagine». Discutez cette définition originale.

6 Workbook

Descriptive Adjectives

A. *Formation of the feminine singular*

Respond to the following statements using the feminine form of the adjective according to the model.

MODEL: Si vous trouvez Jean-Claude charmant, vous devriez voir sa femme!
Elle est charmante aussi?

1. Si vous trouvez Jean-Claude indépendant, vous devriez voir sa femme!

   _____

2. Si vous trouvez Jean-Claude exigeant, vous devriez voir sa femme!

   _____

3. Si vous trouvez Jean-Claude compétent, vous devriez voir sa femme!

   _____

4. Si vous trouvez Jean-Claude difficile, vous devriez voir sa femme!

   _____

5. Si vous trouvez Jean-Claude grand, vous devriez voir sa femme!

   _____

6. Si vous trouvez Jean-Claude qualifié, vous devriez voir sa femme!

   _____

7. Si vous trouvez Jean-Claude énergique, vous devriez voir sa femme!

   _____

B. Irregular formation of the feminine singular

Respond to the following questions using the feminine form of the adjective according to the model.

MODEL: Comment est votre nouvelle secrétaire?   (travailleur)

           Elle est travailleuse.

1. Comment est votre nouvelle assistante?   (sportif)

   _____

2. Comment est votre nouvelle directrice?   (ambitieux)

   _____

3. Comment est votre nouvelle patronne?   (menteur)

   _____

4. Comment est votre nouvelle secrétaire?   (discret)

   _____

5. Comment est votre nouvelle propriétaire??   (grossier)

   _____

6. Comment est votre nouvelle amie?   (coquet)

   _____

7. Comment est votre nouvelle concierge?   (sérieux)

   _____

C. Irregular feminine singular of certain common adjectives

Answer the following questions using the appropriate form of the given adjective according to the model.

MODEL: Comment est son frère?   (fou)

           Il est fou.

           Et sa sœur?

           Elle est folle aussi.

1. Comment est son fils?   (beau) Et sa fille?

   _____

2. Comment est son examen?   (bon) Et sa composition?

   _____

3. Comment est son cousin?   (doux) Et sa cousine?

   _____

4. Comment est son oncle?   (vieux) Et sa tante?

_____

5. Comment est son pantalon?   (blanc) Et sa chemise?

_____

6. Comment est son meilleur ami?   (fou) Et sa meilleure amie?

_____

D. *Position of one adjective*

Answer the following questions using the appropriate form of the given adjective according to the model.

MODEL: Quelle sorte de ville préférez-vous?   (stimulant)
               Une ville stimulante, bien sûr!

1. Quelle sorte de candidat préférez-vous?   (honnête)

_____

2. Quelle sorte de professeur préférez-vous?   (intelligent)

_____

3. Quelle sorte d'actrice préférez-vous?   (joli)

_____

4. Quelle sorte de client préférez-vous?   (poli)

_____

5. Quelle sorte d'employé préférez-vous?   (qualifié)

_____

6. Quelle sorte de directrice préférez-vous?   (sympathique)

_____

7. Quelle sorte d'augmentation préférez-vous?   (bon)

_____

E. *Position of two adjectives*

Change the following sentences using the appropriate form of the given adjective according to the model.

MODEL: Quelle voiture confortable!   (joli)
               Quelle jolie voiture confortable!

1. Quelle belle jeune fille!   (blond)

_____

6. Est-ce que Bruno a demandé une augmentation?   (probablement)

_____

The Adjective and Pronoun <u>Tout</u>

I.   The adjectives <u>tous</u> and <u>toutes</u>

Respond to the following statements using <u>tous</u> or <u>toutes</u> according to the model.

MODEL: Les serpents sont dangereux, n'est-ce pas?

         Pas tous les serpents.

1. Les hommes politiques sont malhonnêtes, n'est-ce pas?

_____

2. Les réclames sont idiotes, n'est-ce pas?

_____

3. Les fonctionnaires sont paresseux, n'est-ce pas?

_____

4. Les femmes sont conservatrices, n'est ce pas?

_____

5. Les voitures sont chères, n'est-ce pas?

_____

6. Les escargots sont bons, n'est-ce pas?

_____

J.   Changing the adjectives <u>tous</u> and <u>toutes</u> to the pronouns <u>tous</u> and <u>toutes</u>

Answer the following questions affirmatively, using the pronouns <u>tous</u> and <u>toutes</u> instead of the adjectives <u>tous</u> and <u>toutes</u>, according to the model.

MODEL: Est-ce que tous ces snobs sont impossibles?

         Oui, ils sont tous impossibles.

1. Est-ce que tous les candidats sont sincères?

_____

2. Est-ce que toutes vos amies sont venues?

_____

3. Est-ce que tous les employés feront la grève?

_____

4. Est-ce que toutes les secrétaires demanderont une augmentation?

_____

5. Est-ce que tous ces ordinateurs marchent bien?

_____

6. Est-ce que tous ces chômeurs sont fâchés?

_____

Comparisons

K. The comparative of inferiority: _moins_ ... _que_

Answer the following questions using _moins_ ... _que_ according to the model.

MODEL: Les étudiants sont plus vieux que le professeur, n'est-ce pas?
Mais non, ils sont moins vieux que le professeur!

1. L'argent est plus important que l'amour, n'est-ce pas?

_____

2. Un clochard est plus riche qu'un millionnaire, n'est-ce pas?

_____

3. Un moustique est plus gros qu'une abeille, n'est-ce pas?

_____

4. Les chats sont plus dangereux que les ours, n'est-ce pas?

_____

5. Le français est plus difficile que le russe, n'est-ce pas?

_____

L. The comparative of equality: _aussi_ ... _que_

Respond to the following statements using _aussi_ ... _que_ according to the model.

MODEL: J'espère que cette robe-ci est moins chère que l'autre!
Malheureusement, elle est aussi chère que l'autre!

1. J'espère que ce prof-ci est moins sévère que l'autre!

_____

2. J'espère que ce candidat-ci est moins nerveux que l'autre!

_____

3. J'espère que cet employé-ci est moins paresseux que l'autre!

_____

4. J'espère que cette femme-ci est moins ambitieuse que l'autre!

_____

5. J'espère que cette réclame-ci est moins bête que l'autre!

_____

6. J'espère que cette cliente-ci est moins difficile que l'autre!

_____

M. **The comparative adverb _mieux_ preceded by _beaucoup_ for emphasis**

Respond to the following statements using _beaucoup_ _mieux_ according to the model.

MODEL: Tu ne danses pas très bien, voyons!
           Je danse beaucoup mieux que toi!

1. Tu ne chantes pas très bien, voyons!

_____

2. Tu ne travailles pas très bien, voyons!

_____

3. Tu ne nages pas très bien, voyons!

_____

4. Tu n'étudies pas très bien, voyons!

_____

5. Tu ne conduis pas très bien, voyons!

_____

6. Tu ne flirtes pas très bien, voyons!

_____

N. **The comparative adjective _meilleur_**

Respond to the following statements using the appropriate form of _meilleur_ according to the model.

MODEL: Ce produit-ci est très bon!
           Mais ce produit-là est meilleur!

1. Cette étudiante-ci est très bonne!

_____

2. Ce restaurant-ci est très bon!

_____

3. Ces chaussures-ci sont très bonnes!

_____

4. Cet ordinateur-ci est très bon!

_____

5. Cette voiture-ci est très bonne!

_____

6. Ce livre-ci est très bon!

_____

Lab Manual

Comprehension Exercises

A. Descriptive adjectives and adjective agreements

You will hear a series of questions, each followed by three answers. Circle the logical and correct answer.

1. a. Je le trouve très compétent!

    b. Je la trouve très qualifiée!

    c. Je les trouve très bonnes!

2. a. Oui, ils avaient l'air fâché!

    b. Oui, elles avaient l'air malheureux!

    c. Oui, il avait l'air triste!

3. a. Oui, ils sont très différents.

    b. Oui, on est très différent.

    c. Oui, elles sont très différentes.

B. Adjective agreement

You will hear a series of answers, each followed by three questions. Circle the logical and correct question.

1. a. Votre directrice est-elle compétente?

    b. Votre patron est-il compétent?

    c. Vos directrices sont-elles compétentes?

2. a. Connaissez-vous un homme politique français?

    b. Connaissez-vous un homme politique américain?

    c. Connaissez-vous un homme politique anglais?

3. a. C'est sa propre usine, n'est-ce pas?

    b. Ces usines sont très propres, n'est-ce pas?

    c. Cette usine est très propre, n'est-ce pas?

C. Descriptive Adjectives

You will hear a series of adjectives. Circle the number corresponding to the adjective that means the opposite of the adjectives in parentheses.

a. (vieux)   1   2   3   4

b. (libéral)   1   2   3   4

c. (paresseux) 1   2   3   4

d. (sale)   1   2   3   4

Dictée

Listen to the complete <u>dictée</u>. Then write each sentence during the pauses. The complete <u>dictée</u> will be reread so that you can check your accuracy.

_____

_____

_____

_____

_____

_____

_____

_____

_____

_____

_____

_____

_____

D. The Comparative

You will hear a series of questions, each followed by three answers. Circle the logical and correct answer.

1. a. Parce qu'elle parlait à son professeur.

   b. Parce qu'elle travaillait dur.

   c. Parce qu'elle conduisait trop vite.

2. a. Oui, ils sont tous arrivés.

   b. Oui, elles sont toutes parties.

   c. Oui, tous arriveront demain.

3. a. Oui, Voltaire écrit moins bien que Sartre.

   b. Oui, Voltaire écrit mieux que Sartre.

   c. Oui, Voltaire et Sartre n'écrivent pas bien.

4. a. Parce que c'est le meilleur candidat.

   b. Parce que son programme est vraiment le pire.

   c. Parce qu'il s'habille mieux que ma mère.

5. a. Une villa est moins confortable qu'une prison.

   b. Un villa est aussi confortable qu'une prison.

   c. Une villa est plus confortable qu'une prison.

6. a. Oui, elle arrive toujours à l'heure.

   b. Oui, il oublie toujours ses rendez-vous.

   c. Oui, il n'oublie jamais ses rendez-vous.

Dictée

E. Adjective agreement & placement

Listen to the complete <u>dictée</u>. Then write each sentence during the pauses. The complete <u>dictée</u> will be reread so that you can check your accuracy.

_____

_____

_____

_____

_____

_____

Name: _____ Date: _____ Class: _____

_____

_____

_____

_____

_____

_____

_____

_____

DVD Manual

Épisode 6   *La politique*

ANTICIPATION

Avant de commencer

La France est une république. Cela signifie que les lois du pays sont votées par les représentants du peuple qui les élit par suffrage universel. Les Français vivent actuellement leur cinquième république, c'est-à-dire que depuis 1958, avec le Général de Gaulle rappelé au pouvoir, une nouvelle constitution dite républicaine garantit les droits des citoyens. On appelle le chef de l'état, actuellement François Mitterrand, le Président de la République. L'épithète «républicain» ne fait donc pas allusion à un parti, comme c'est le cas aux États-Unis. Le chef du gouvernement (vs. l'état), est le premier ministre, nommé par le Président de la République et responsable de former un gouvernement. On ne dit donc pas «le gouvernement Mitterrand», comme on dit «le gouvernement Bush», mais plutôt le gouvernement de Michel Rocard, l'actuel premier ministre. Le mandat présidentiel est de sept ans (un septennat), qui peut compter plusieurs gouvernements si l'Assemblée nationale ne fait plus confiance au premier ministre. Le chef du parti majoritaire est généralement le premier ministre, même s'il n'est pas du même parti que celui du Président de la République. Ce fut le cas, il y a quelques années quand le parti socialiste (P.S.), perdit sa majorité et céda le pouvoir à l'opposition nouvellement majoritaire avec son chef Jacques Chirac: voilà la cohabitation, une nouveauté politique pour la Vème République. Quasiment toutes les villes de France ont soit une avenue de la République, soit une place de la République. Paris a les deux. La station de métro «République» est un carrefour important de la capitale. La place est dominée par la statue de la République, une allégorie féminine qui mène un peuple libre.

Aujourd'hui, François Mitterrand poursuit son deuxième septennat. Sa résidence officielle est le Palais de l'Élysée, une belle résidence construite en 1718, fréquemment remaniée [*refurbished*], et affectée [*assigned*] depuis 1873 à la présidence de la République. Très près se trouve le Palais de Matignon, la résidence officielle du premier ministre, actuellement Michel Rocard. Ces deux individus regardent de haut une mêlée qui a beaucoup changé le visage politique de la France. Autrefois strictement défini par la dynamique de la gauche et de la droite, le panorama des partis est aujourd'hui beaucoup moins clair avec une gauche fragmentée et dissociée du parti communiste devenu marginal, et avec une droite également fragmentée et hantée par la présence du Front national, le parti supposé extrémiste de Jean-Marie Le Pen auquel on attribue une attitude xénophobe, raciste, et antisémite. Il semblerait que seul François Mitterrand inspire la confiance chez une majorité de Français avec son slogan de «force tranquille». Il n'est point patriarche, mais plutôt avunculaire, c'est-à-dire qu'il fait figure d'oncle protecteur et non pas de père protecteur, d'où son sobriquet de «tonton» [*uncle*].

Dans les deux scénettes que vous allez visionner, vous allez d'abord suivre la carrière politique du Président Mitterrand jusqu'à la fin de son premier mandat, et témoigner le phénomène de Jean-Marie Le Pen suite aux élections présidentielles de 1988 dans un village alsacien. Les résultats assurèrent à François Mitterrand un second mandat [*term of office*].

SCÉNETTE 1

Que savez-vous déjà?

Faites d'abord la liste des dates indiquées sur l'écran. Cela vous aidera à diviser la carrière de François Mitterrand en ses phases principales. Pouvez-vous déjà esquisser [*sketch*] les grandes étapes de cette carriere? Arrivez-vous à reconnaître d'autres grandes personnalités? Quels traits de caractère attribuez-vous à François Mitterrand, suite à ce reportage?

Lexique

Substantifs

la cohabitation   *here: power sharing*
le défi   *challenge*
le député   *representative*
le duel   *duel*
le duo   *duet*
la manifestation   *demonstration*
la politique   *policy; politics*
la première   *a first*
le sondage   *survey*

Autres expressions

au pouvoir   *in power*
en ballotage   *in a run-off election*
en voie de développement   *developing*
état de grâce   *state of grace*
plan de rigueur   *austerity program*
programme commun   *joint program*
le P.S. (parti socialiste)   *the socialist party*

Verbes

endosser   *to endorse*
planer   *to hover*
préconiser   *to advocate*
reculer   *to back away*
tenir à   *to insist on*

DÉNOUEMENT

Compréhension

A. En une ou deux phrases, résumez l'essentiel de cette scénette.

_____

_____

_____

_____

_____

B. Cochez la réponse correcte.

1. Mitterrand s'est présenté

   a. une fois

   b. deux fois

   c. trois fois

2. Le premier mandat a connu

   a. un premier ministre

   b. deux premiers ministres

   c. trois premiers ministres

3. Mitterrand a été ministre

   a. une fois

   b. onze fois

   c. quinze fois

4. Avant Mitterrand, le PS a attendu

   a. 23 ans d'opposition

   b. 30 ans d'opposition

   c. 10 ans d'opposition

C. Visionnez et écoutez attentivement les trois interventions du Président Mitterrand pendant ce reportage, et remplissez les blancs avec le mot qui convient.

J'ai commencé ma vie _____ pendant la Résistance. C'est là que j'ai eu mes _____ responsabilités. J'ai ensuite _____ au premier _____ resurrectionnel en 1944 et c'est ainsi que j'ai pris part au premier gouvernement de la France _____ sous la présidence du Général de _____ Là j'ai pris de grandes _____.

Aucune _____, quels que moyens qu'elle _____ ne dispensera les _____ de l'effort _____.

Il ne _____ pas y avoir de paix dans un _____ où les deux-tiers des êtres _____ n'ont pas accès au _____ vital.

Vive la différence!

Quelles différences et quelles ressemblances culturelles avez-vous remarquées?

_____

_____

_____

_____

_____

Qu'en pensez-vous?

A. Faites la liste des six mesures adoptées par l'«autre politique», une fois que François Mitterrand fut élu président. Dites votre opinion sur ses initiatives.

B. Observez la semisphère de la députation [*semi-circular seating of representatives*] suite à l'élection de mars 1986. Dites quel est le pourcentage de la gauche et celui de la droite. Quelles couleurs identifient ces deux polarités politiques? Le résultat fut la «cohabitation». Expliquez ce phénomène. Imaginez un président américain qui nommerait comme secrétaire d'état un membre du parti de l'opposition. Quelles en seraient les conséquences? Cela est-il déjà arrivé?

C. Si vous obteniez subitement la nationalité française, seriez-vous disposé(e) à voter pour François Mitterrand? Précisez.

RENSEIGNEZ-VOUS!

A. Cherchez dans un journal, une revue, une encyclopédie ou un almanach les différents partis politiques français. Dressez un bref profil pour chacun, en précisant les particularités de la gauche et de la droite.

B. François Mitterrand prend plusieurs fois une rose en main. Tâchez de savoir pouquoi. En quoi la rose, dans sa tradition, serait-elle emblématique du parti socialiste?

C. On voit le président voyager à l'étranger. Quels seraient ses objectifs? Quels pays a-t-il visités? Quelle influence semble-t-il exercer?

SCÉNETTE 2

Que savez-vous déjà?

En quel milieu géographique et culturel sommes-nous? En général, quelles affinités politiques se manifestent dans un tel milieu? Est-ce que vous notez un accent dans le français qui se parle? En quoi diffère-t-il de l'accent parisien? Une indication sur l'écran au début du reportage peut vous orienter sur la région de France en question. Situez-la sur la carte dans l'appendice. Quels hommes politiques français sont invoqués dans cette rubrique?

Lexique

Substantifs

la commune   *rural township*
le fief   *fiefdom*
la moyenne   *average*

Adjectifs

adossé   *resting against*
alsacien   *Alsatian*
douillette   *cozy*
mécontent   *unhappy*
sortant   *outgoing*

Verbes

s'effondrer   *to collapse*

Autres expressions

en avoir marre de   *to be fed up with*
R.P.R. (Rassemblement pour la République)
    political party of the right

DÉNOUEMENT

Compréhension

A. En une ou deux phrases, résumez l'essentiel de cette scénette.

_____

_____

_____

_____

B. Vrai ou faux? Cochez la réponse qui convient.

		Vrai	Faux
1.	La commune en question est dans l'est de la France.	_____	_____
2.	Ici on vote généralement R.P.R.	_____	_____
3.	Il y a beaucoup d'immigrés dans la commune.	_____	_____
4.	Jean-Marie Le Pen fait un score de 22%.	_____	_____
5.	La commune veut Le Pen pour diriger le pays.	_____	_____
6.	François Mitterrand a réuni le plus grand vote.	_____	_____
7.	Les habitants sont en majorité catholiques.	_____	_____
8.	Les habitants ont élu un maire catholique.	_____	_____
9.	Le R.P.R. local a été très divisé.	_____	_____

C. Visionnez et écoutez attentivement une autre fois, et remplissez les blancs avec le chiffre qui convient.

1. Juste _____ famille portugaise pousse l'intégration jusqu'à parler alsacien.

2. En _____ Jean-Marie Le Pen fait un score de _____%.

3. La droite classique s'effondre: Chirac _____%, Barre _____%.

4. Protestants à _____%, ils ont élu un maire catholique.

Vive la différence!

Quelles différences et quelles ressemblances culturelles avez-vous remarquées?

_____

_____

_____

_____

_____

Qu'en pensez-vous?

A. À votre avis, en quoi cette commune est-elle «douillette»? Préférez-vous la grande ville au petit village, ou vice versa. Précisez.

B. Que pensez-vous de la décision de voter extrême-droite uniquement pour manifester son mécontentement, comme le dit un des interlocuteurs. Pourquoi voterait-on contre un parti ou un candidat? Justifiez l'occasion où vous avez voté ainsi.

RENSEIGNEZ-VOUS!

A. Faites un topo sur l'Alsace, son histoire, ses traditions, ses produits régionaux.

B. À l'aide d'un journal récent, situez les fortunes politiques de François Mitterrand, Jacques Chirac, et Jean-Marie Le Pen.

7 **Workbook**

The Future

A. *The simple future of regular verbs*

Answer the following questions using the simple future and the given response according to the model.

MODEL: Qu'est-ce que tu commanderas?   (une salade)
Je commanderai une salade.

1. Qu'est-ce que tu porteras?   (quelque chose de pratique)

   _____

2. Quand est-ce que tu finiras?   (bientôt)

   _____

3. Où est-ce que tu attendras?   (devant le restaurant)

   _____

4. Où est-ce que tu déjeuneras?   (au café)

   _____

5. Qu'est-ce que tu choisiras?   (quelque chose de bon marché)

   _____

6. Qu'est-ce que tu serviras?   (une soupe à l'oignon)

   _____

B. The simple future of common irregular verbs

Answer the following questions using the future tense and the given response according to the model.

MODEL: Quand est-ce que le garçon va revenir?   (bientôt)

                Il reviendra bientôt.

1. Quand est-ce que la serveuse va revenir?   (dans un moment)

_____

2. Quand est-ce que tu vas faire les courses?   (demain)

_____

3. À quelle heure est-ce que tu vas être ici?   (à midi)

_____

4. Quand est-ce que Thérèse va savoir la réponse?   (la semaine prochaine)

_____

5. Où est-ce que Félicien va aller?   (au grand magasin)

_____

6. Qu'est-ce que Rachel va acheter?   (une robe élégante)

_____

7. Combien d'enfants est-ce que tu vas avoir?   (deux enfants)

_____

C. The simple future after *quand*

*Answer the following questions using *quand* plus the simple future with the given words according to the model.*

MODEL: Quand est-ce que Robert dînera?   (être prêt)

                Quand il sera prêt.

1. Quand est-ce que Louis visitera Paris?   (avoir de l'argent)

_____

2. Quand est-ce que ce manteau coûtera moins cher?   (être en solde)

_____

3. Quand est-ce que Babette parlera français?   (visiter le Canada)

_____

4. Quand est-ce que Marc répondra à la question?   (savoir la réponse)

_____

5. Quand est-ce qu'Isabelle sera malade?   (manger des escargots)

_____

6. Quand est-ce que Mme Dupont fera la cuisine?   (revenir)

_____

D. The future perfect after *dès que*

Answer the following questions using dès que plus the future perfect of the given verb according to the model.

MODEL: Quand iras-tu au cinéma?   (finir mon travail)
Dès que j'aurai fini mon travail.

1. Quand achèteras-tu ce chapeau?   (recevoir mon chèque)

_____

2. Quand étudieras-tu le conditionnel?   (terminer le futur)

_____

3. Quand viendras-tu dîner?   (prendre une douche)

_____

4. Quand sortiras-tu?   (lire ce magazine)

_____

5. Quand iras-tu à la soirée?   (finir de dîner)

_____

6. Quand commanderas-tu le café?   (fumer une cigarette)

_____

E. The pluperfect tense

Respond to the following sentences using the pluperfect tense and a pronoun according to the models.

MODELS: Jean a acheté le journal.
Mimi l'avait déjà acheté!
Jean est allé à la banque.
Mimi y était déjà allée!

1. Jean a payé l'addition.

_____

2. Jean a fait le ménage.

_____

3. Jean est arrivé chez Isabelle.

_____

4. Jean a lu la lettre.

_____

5. Jean a fait la cuisine.

_____

6. Jean est venu à la bibliothèque.

_____

7. Jean a lavé la voiture.

_____

8. Jean est allé à la boulangerie.

_____

Conditional Sentences

F. Sentences using the present and future tenses

Answer the following questions negatively, using the present and future tenses according to the model.

MODEL: Irez-vous à la plage s'il pleut?

Non, s'il pleut, je n'irai pas à la plage.

1. Ferez-vous du ski s'il pleut?

_____

2. Boirez-vous du thé s'il fait chaud?

_____

3. Attendrez-vous l'autobus s'il fait froid?

_____

4. Commanderez-vous de la soupe s'il fait chaud?

_____

5. Chanterez-vous sous la douche s'il fait froid?

_____

6. Sortirez-vous s'il fait mauvais?

_____

G. Conditional sentences using the imperfect and present conditional

Change the following sentences, putting the verb after <u>si</u> in the imperfect and the verb in the main clause in the present conditional, according to the model.

MODEL: S'il neige, j'irai à la montagne.

S'il neigeait, j'irais à la montagne.

1. S'il pleut, je resterai chez moi.

     _____

2. Si elle reste, je partirai.

     _____

3. S'il fait beau, j'irai à la campagne.

     _____

4. S'il fait mauvais, je resterai à la maison.

     _____

5. S'il fait du soleil, je ferai des achats.

     _____

6. Si elle met ce chapeau, je rirai!

     _____

7. Si elle achète cette voiture, je serai content.

     _____

H. Conditional sentences using the pluperfect and past conditional

Answer the following questions affirmatively according to the model.

MODEL: Si le garçon vous avait apporté du pain sec, seriez-vous parti?

Oui, je serais parti.

1. Si le professeur avait porté un grand chapeau orange, auriez-vous ri?

     _____

2. S'il avait plu, seriez-vous allé(e) au cinéma?

     _____

3. Si vous aviez été d'origine française, auriez-vous su parler français?

     _____

4. Si vous aviez mangé trop de fromage, auriez-vous eu mal à l'estomac?

     _____

5. Si vous aviez été riche, seriez-vous devenu(e) snob?

_____

6. Si vous aviez eu assez d'argent, auriez-vous fait un voyage en France?

_____

Devoir

I. _Devoir_ expressing necessity or moral obligation: present tense

Answer the following questions using <u>devoir</u> according to the model.

MODEL: Faut-il que je rentre à dix heures?

Bien sûr tu dois rentrer à dix heures!

1. Faut-il que j'étudie l'imparfait?

_____

2. Faut-il que je mange ces légumes?

_____

3. Faut-il que je paie l'addition?

_____

4. Faut-il que je respecte les autres?

_____

5. Faut-il que je me lève?

_____

6. Faut-il que je me brosse les dents?

_____

J. _Devoir_ expressing necessity or moral obligation: conditional tense

Answer the following questions using the given verbs and the present conditional of <u>devoir</u> according to the model.

MODEL: Isabelle grossit. Qu'est-ce qu'elle ne devrait pas faire?   (trop manger)

Elle ne devrait pas trop manger.

1. Robert a peu d'argent. Qu'est-ce qu'il ne devrait pas faire?   (aller à Paris)

_____

2. Cet agent de police est honnête. Qu'est-ce qu'il ne devrait pas faire?   (aider les criminels)

_____

3. Louise et Marie vont toujours chez le dentiste. Qu'est-ce qu'elles devraient faire?   (se brosser le dents)

_____

4. Vous faites toujours la grasse matinée. Qu'est-ce que vous devriez faire?   (se lever plus tôt)

_____

5. Ce pays a mauvaise réputation. Qu'est-ce qu'il devrait faire?   (respecter les droits de l'homme)

_____

K. *Devoir expressing necessity or moral obligation: past conditional tense*

Respond to the following statements negatively using the past conditional of devoir according to the model.

MODEL: Est-ce que M. Laurent a gagné?

Oui, mais il n'aurait pas dû gagner.

1. Est-ce que Daphné est arrivée en retard?

_____

2. Est-ce que Pierre a conduit?

_____

3. Est-ce que Delphine s'est mariée?

_____

4. Est-ce que le patron a démissionné?

_____

5. Est-ce que Gilbert est parti?

_____

6. Est-ce que Louis a divorcé?

_____

L. *Devoir expressing probability: passé composé*

Answer the following questions using the passé composé of devoir and the given verb according to the model.

MODEL: Pourquoi le professeur est-il absent?   (manquer l'autobus)

Il a dû manquer l'autobus.

1. Pourquoi Michel ne sait-il pas sa leçon?   (oublier d'étudier)

_____

2. Pourquoi Jeanne va-t-elle mieux?   (cesser de fumer)

_____

3. Pourquoi André est-il déjà couché?   (travailler dur)

_____

4. Pourquoi Mimi a-t-elle l'air triste?   (perdre son petit ami)

_____

5. Pourquoi Normand est-il si maigre?   (suivre un régime)

_____

6. Pourquoi Babette parle-t-elle bien français?   (avoir un bon prof)

_____

M. *Devoir* *meaning* <u>*to owe*</u>

Answer the following questions using the given words according to the model.

MODEL: Que dois-tu à Estelle?   (cent francs)
       Je lui dois cent francs.

1. Que dois-tu à Nicole?   (deux dollars)

_____

2. Que dois-tu au patron?   (une journée de travail)

_____

3. Que doivent-elles à leur père?   (beaucoup d'amour)

_____

4. Que dois-tu à ta mère?   (beaucoup de respect)

_____

5. Que dois-tu au garçon?   (un bon pourboire)

_____

6. Que doit-il à sa femme?   (tout)

_____

N. *Devoir and* <u>*être obligé de*</u>

Answer the following questions using <u>*être obligé de*</u> *according to the model.*

MODEL: Le professeur doit-il corriger les examens?
       Oui, il est obligé de corriger les examens.

1. Dois-tu payer tes dettes?

_____

2. Le professeur doit-il venir en classe?

_____

3. Un pays riche doit-il aider les pays pauvres?

_____

4. Un garçon de café doit-il être poli?

_____

5. Le président doit-il faire des discours?

_____

O. *Devoir and être censé*

Answer the following questions using être censé according to the model.

MODEL: Les étudiants doivent-ils parler français en classe?
           Bien sûr, ils sont censés parler français en classe.

1. Les chefs doivent-ils faire la cuisine?

_____

2. Le professeur doit-il préparer les examens?

_____

3. Les serveuses doivent-elles être sympathiques?

_____

4. Les couturiers doivent-ils garder leurs secrets?

_____

5. Les clients doivent-ils laisser un pourboire?

_____

6. Les Français doivent-ils être élégants?

_____

Lab Manual

Comprehension Exercises

A. The future

Circle the logical answer below to the questions you hear.

1. a. Il coûtera plus cher qu'avant.

    b. Il coûtera moins cher qu'avant.

    c. Il coûtera aussi cher qu'avant.

2. a. On l'emploie quand on mange des hors-d'oeuvre.

    b. On l'emploie quand on rend visite à un ami à l'hôpital.

    c. On l'emploie quand on boit du vin.

3. a. un gourmet

    b. un glouton

    c. un couturier

B. The future

You will hear a series of questions, each followed by three answers. Circle the logical and correct answer.

1. a. Je les ferai chez Dior.

    b. Je les ferais chez Dior.

    c. Je les aurais faits chez Dior.

2. a. Oui, j'en aurais beaucoup mangé.

    b. Oui, j'en mangeais toujours.

    c. Oui, j'en avais trop mangé.

3. a. Oui, il viendra aussitôt qu'il aura fini son travail.

    b. Oui, il serait venu s'il n'avait pas été occupé.

    c. Oui, ils viendront certainement.

Dictée

C. *The future*

Listen to the complete <u>dictée</u>. Then write each sentence during the pauses. The complete <u>dictée</u> will be reread so that you can check your accuracy.

_____

_____

_____

_____

_____

_____

_____

_____

_____

_____

_____

_____

D. *Devoir*

You will hear a series of questions, each followed by three answers. Circle the logical and correct answer.

1. a. Tu as dû faire trop d'achats.

   b. Tu as dû aller chez le médecin.

   c. Tu as dû manger trop de sardines.

2. a. Tu me dois cent francs.

   b. Tu dois payer l'addition.

   c. Tu lui dois cinquante francs.

3. a. Il doit produire du parfum.

   b. Il doit être trop puissant.

   c. Il doit être très faible.

4. a. Je devrais aller à la banque.

   b. Je dois aller à la banque parce que je n'ai plus d'argent.

   c. J'ai dû aller à la banque parce que je n'avais plus d'argent.

5. a. Vous avez dû commander un autre dessert.

   b. Vous devriez commander un autre dessert.

   c. Vous auriez dû commander un autre dessert.

E. Vocabulary

You will hear a series of words. Circle the number corresponding to the word that doesn't belong in the series.

a.   1   2   3   4

b.   1   2   3   4

c.   1   2   3   4

d.   1   2   3   4

Dictée

F. Devoir

Listen to the complete dictée. Then write each sentence during the pause. The complete dictée will be reread so that you can check your accuracy.

_____

_____

_____

_____

_____

_____

_____

_____

_____

_____

_____

DVD Manual

Épisode 7   *L'économie*

ANTICIPATION

Avant de commencer

On parle souvent en France de la crise: crise politique, crise sociale, mais surtout crise économique. La France est certainement un pays riche par rapport au Tiers monde, et un pays capitaliste malgré son gouvernement socialiste dont la politique sociale et économique est constamment critiquée pour avoir bénéficié les riches plus que les pauvres. Les Français ont généralement peu confiance en leur gouvernement mais attendent tout de l'état. C'est une distinction qu'il faut apprécier. Définissons trois termes-clés: le patronnat, c'est-a-dire l'ensemble des patrons; les syndicats, c'est-à-dire l'ensemble des ouvriers/salariés solidaires; et le fonctionnariat, c'est-à-dire l'ensemble des fonctionnaires, soit les employés du secteur public, généralement syndicalisés aussi. Ces trois groupes font pression sur les ressources du pays pour subvenir à leurs besoins [*meet their needs*].

Le vocabulaire économique met en relief quatre autres termes-clés qu'il s'impose de connaître: la sécurité sociale, le chômage, l'entreprise et les impôts [*taxes*]. Ce sont les titres des quatres scénettes que vous allez visionner. La sécurité sociale demeure [*remains*] l'organisme étatique dominant dans la vie quotidienne des Français. C'est par elle que se règlent les questions de la retraite, de la santé et du cadre de la famille. Les dossiers de la sécurité sociale française englobent [*encompass*] tout ce qu'on appelle aux U.S.A. *entitlement programs, public assistance, etc.*

La grande préoccupation des Français c'est de trouver un bon emploi, car la menace du chômage est toujours présente. Cette préoccupation est compliquée par l'intégration des immigrés, dans l'ensemble pauvres, un système de crédit difficile, une éducation souvent sans débouchés professionnels [*job placement*], et les pressions imminentes de la Communauté européenne. Celle-ci va sans doute provoquer des conséquences importantes pour l'économie française qui, malgré son potentiel, se porte moins bien que l'économie solide de l'Allemagne ou celle de l'Italie.

Dans la même veine, les entreprises françaises doivent faire face aux lourdes charges sociales, aux crédits difficiles, à la Communauté européenne et son marché unifié, et à la dynamique de la nationalisation et de la privatisation. L'exemple que vous avez dans cet épisode est peu représentatif, mais néanmoins intéressant, dans la mesure où se joignent les avantages du capitalisme et du socialisme.

Comment fonctionne la France au niveau fiscal? Les impôts sur le salaire et les bénéfices des entreprises constituent une part de l'imposition. La trésorerie compte sur la T.V.A. (taxe sur la valeur ajoutée), stratégie proposée aux États-Unis sous le nom de *national sales tax*. Cette taxe fait partie intégrale du prix de tous les produits en vente et peut s'élever jusqu'à 25% pour certains produits de luxe, telle que l'automobile. Si vous voyagez en France vous serez peut-être surpris des prix pratiqués dans les magasins, les restaurants, les cinémas, les stations-service. Vous contribuez sensiblement au trésor du pays. Dans certaines conditions, les touristes peuvent se faire rembourser la T.V.A. à la douane [*customs*] quand ils quittent le pays.

SCÉNETTE 1

Que savez-vous déjà?

Selon les images seules, pouvez-vous déjà identifier les trois dossiers de la sécurité sociale? Etes-vous sensible aux statistiques révélées dans ce reportage? En quoi ces problèmes vous sont-ils familiers?

Lexique

Substantifs

une assurance-maladie   *health insurance*
la caisse   *here: office*
une homologation   *official approval*
la pension   *here: pension*
la prestation   *here: benefits*
la retraite   *retirement*

Adjectifs

actif   *gainfully employed*
actuel   *current*
ciblé   *targeted*
diplômé   *degreed, certified*
excédentaire   *in the black*
moyen   *average*
retraité   *retired*

Verbes

glisser   *to slide*
maîtriser   *here: to hold down (costs)*
préconiser   *to advocate*

Autre expression

dépenses de santé   *health-care costs*

DÉNOUEMENT

Compréhension

A. En une ou deux phrases, résumez l'essentiel de cette scénette.

_____

_____

_____

_____

_____

B. Appareillez les éléments de la colonne gauche avec ceux de la colonne droite.

1. pension _____
2. homologation _____
3. caisse _____
4. excédentaire _____
5. préconiser _____

a. recommander
b. autorisation
c. somme versée
d. organisme étatique
e. non-déficitaire

Vive la différence!

Quelles différences et quelles ressemblances culturelles avez-vous remarquées?

_____

_____

_____

_____

Qu'en pensez-vous?

A. On dit dans cette scénette qu'il faut réduire le nombre de médecins. Selon votre expérience, comment pourrait-on encourager cette politique sociale? Formez deux groupes et résumez les résultats de votre discussion auprès de la classe.

B. Quels sont les débats dominants sur les programmes sociaux dans votre pays? Discutez parmi vous le problème de l'assurance-maladie. Donnez les pour et les contre d'une garantie d'assurance-santé pour tous? Justifiez vos propos.

C. Commentez l'imposition d'un âge limite sur la vie active. Avez-vous noté que l'âge de la retraite en France peut se fixer à 60 ans? Qu'en pensez-vous?

D. On reproche souvent à la FDA (Food and Drug Administration) d'homologuer [approve] les nouveaux produits pharmaceutiques beaucoup trop lentement. Commentez.

RENSEIGNEZ-VOUS!

A. Cherchez dans un dictionnaire les sens multiples des mots: caisse, pension, et prestation. Quel sens se rapporte à cette scénette?

B. Faites un sondage parmi vos camarades pour voir comment nous sommes tous touchés directement par les problèmes de chômage, d'homologation, de pension, et d'assurance-maladie.

SCÉNETTE 2

Que savez-vous déjà?

Combien sont-ils dans cette famille? A quel problème fait-elle face? Quels sont les soucis qui se font quand les salaires sont insuffisants pour subvenir aux besoins familiaux? Comment savez-vous que cette famille est d'origine étrangère?

Lexique

Substantifs

la côtisation   *fee*
le crédit   *loan*
une imprimerie   *printing house*
le soudeur   *welder*

Verbe

évoluer   *here: to increase*

Adjectif

insupportable   *unbearable*

Autre expression

au chômage   *out of work*

DÉNOUEMENT

Compréhension

A. En une ou deux phrases, résumez l'essentiel de cette scénette.

_____

_____

_____

_____

_____

B. Visionnez et écoutez attentivement une autre fois, et remplissez les blancs avec le chiffre qui convient.

1.   Le salaire de Madame n'a pas évolué depuis _____ ans.

2.   En _____ elle gagnait _____ FF.

3.   Maintenant, elle gagne _____ FF.

4.   En tout, la famille a _____ FF par mois pour vivre.

5.   Le loyer seul à la fin du mois coûte _____ FF.

6.   Au début du mois, il faut recommencer à _____.

7.   Monsieur a quitté son emploi parce qu'il n'avait pas été augmenté depuis _____ ans.

Vive la différence!

Quelles différences et quelles ressemblances culturelles avez-vous remarquées?

_____

_____

_____

_____

_____

Qu'en pensez-vous?

A. Monsieur a-t-il eu raison de quitter son emploi, même si son salaire n'avait pas évolué? Justifiez votre réponse. Qu'est-ce qui vous ferait quitter votre emploi?

B. Est-il possible aujourd'hui pour une famille moyenne de se contenter d'un seul salaire? Expliquez et précisez le salaire nécessaire.

C. Par rapport à son revenu global, le loyer de ce ménage est-il, à votre avis, excessif? Précisez.

RENSEIGNEZ-VOUS!

A. Le vocabulaire social «s'enrichit» de nouveaux termes: les nouveaux-pauvres, et les sans résidence fixe (S.R.F.). Cherchez le sens de ces termes. Comparez ces phénomènes avec des phénomènes analogues dans votre pays et faites un topo que vous partagerez avec vos camarades.

B. Faites un sondage parmi vos camarades pour savoir quelles sont leurs préoccupations les plus importantes vis-à-vis de l'avenir. Faites un topo sur un chômeur que vous avez connu.

SCÉNETTE 3

Que savez-vous déjà?

Quelle sorte d'entreprise voyez-vous dans cette scénette? Que peuvent signifier les chiffres que montrent les ouvriers? Partagent-ils tous la même opinion? Comment savez-vous que M. Benoît détient une responsabilité spéciale dans cette entreprise? Laquelle, à votre avis?

Lexique

Substantifs

un actionnaire   *shareholder*
la baisse   *decrease*
une entreprise   *business*
le patron   *boss*
le raisin sec   *raisin*
le salarié   *salaried worker*

Verbes

broyer   *to grind*
jeter dehors   *to throw out*
noter   *to grade*
redoubler   *to repeat (a grade)*
responsabiliser   *to give responsibility*
secouer   *to shake up*

Adjectifs

appliqué   *applied*
consciencieux   *conscientious*

Autres expressions

à parts égales   *shared equally*
à quelle sauce vont-ils manger le patron?   *how are they going to season the boss when they consume him?*
au sein d'un conseil de gestion   *within a management council*
au rouge   *in the red*
compter pour du beurre   *count for nothing*
être à même de   *to be up to*
les noix sont jetées   *pun: the nuts are cast reference to «the die is cast»*
P.D.G. (Président Directeur Général)   *chairman of a corporation*
les raisins de la colère   *the grapes of wrath, reference to John Steinbeck's novel by the same name and the subsequent 1940 John Ford film, a great favorite among French film buffs*

DÉNOUEMENT

Compréhension

A. En une ou deux phrases, résumez l'essentiel de cette scénette.

_____

_____

_____

_____

_____

B. Vrai ou faux? Visionnez encore une fois la scénette 3, et cochez la réponse qui convient.

		Vrai	Faux
1.	Les bénéfices cette année sont excédentaires.	_____	_____
2.	Le ton de ce reportage est essentiellement satirique.	_____	_____
3.	La société Benoît a moins de 100 salariés.	_____	_____
4.	M. Benoît accepte le jugement de ses salariés.	_____	_____
5.	M. Benoît estime qu'il est un bon patron.	_____	_____

C. Visionnez et écoutez attentivement une autre fois, et remplissez les blancs avec le chiffre qui convient.

La première note que nous voyons est de _____ sur dix.

La deuxième note que nous voyons est de _____ sur dix.

La troisième note que nous voyons est de _____ sur dix.

Le patron se donne la note de _____ sur dix.

Vous lui donnez la note de _____ sur dix.

Le total pour les 5 notes est de _____ sur cinquante.

La moyenne sur dix est de: _____.

Vive la différence!

Quelles différences et quelles ressemblances culturelles avez-vous remarquées?

_____

_____

_____

_____

_____

Qu'en pensez-vous?

A. Dans cette entreprise on propose de gérer les activités au sein d'un conseil administratif à parts égales? Imaginez votre université soumise à cette méthode de gestion. Décrivez les résultats.

B. Lisez et copiez le slogan de cette entreprise. En quoi ce slogan incarne-t-il à la fois la doctrine socialiste et capitaliste?

C. Aimeriez-vous travailler dans une ambiance pareille? Précisez.

RENSEIGNEZ-VOUS!

A. Révisez ou informez-vous sur la grande œuvre de Steinbeck et de Ford, _Les Raisins de la colère_. En quoi cette allusion est-elle pertinente?

B. Autour d'une table organisez un conseil de gestion pour la société Benoît. Vous distribuerez les roles de P.D.G., salariés et actionnaires. Menez le débat.

SCÉNETTE 4

Que savez-vous déjà?

Le premier barème [*tax scale*] sur l'écran suggère déjà le contenu de cette scénette. Expliquez le symbolisme. Ajoutez les pourcentages. En manque-t-il? Quelles sont les sources de la trésorerie française? Le deuxième barème fait des comparaisons avec d'autres pays. Lesquels?

Lexique

Substantifs

la collectivité   *here: total take*
le contribuable   *tax payer*
une imposition   *taxation*
un impôt   *tax*
le poids   *burden*
la recette   *receipt*
le revenu   *earning*

Adjectifs

éxonéré   *exempt*
mensuel   *monthly*

Verbes

croître   *to increase*
échelonner   *to scale*
peser   *to weigh*
rapporter   *to bring in*

Autres expressions

de loin   *by far*
les foyers fiscaux   *taxable households*
T.V.A. (Taxe sur la valeur ajoutée)   *Value Added Tax,*
          a national sales tax

DÉNOUEMENT

Compréhension

A. En une ou deux phrases, résumez l'essentiel de cette scénette.

_____

_____

_____

_____

_____

B. Visionnez et écoutez attentivement une autre fois, et répondez aux questions suivantes. Le chiffre suffit.

1. Combien les sociétés rapportent-elles à l'état? _____

2. Combien la vente du pétrole rapporte-t-elle? _____

3. Quels pays imposent le plus sur le revenu? _____

4. Combien de foyers fiscaux sont imposés en France? _____

5. Si vous gagnez 26.000 par mois, combien contribuez-vous? _____

Vive la différence!

Quelles différences et quelles ressemblances culturelles avez-vous remarquées?

_____

_____

_____

_____

_____

Qu'en pensez-vous?

A. Selon les données de cette scénette, estimez-vous que l'imposition en France est plus juste qu'aux États-Unis? Donnez des exemples.

B. Supposez que le Congress allait voter une T.V.A., seriez-vous pour ou contre? Précisez.

C. Proposez des moyens de revenu pour l'état autres que les impôts. Indiquez leurs avantages et leurs inconvénients.

RENSEIGNEZ-VOUS!

A. Partagez parmi vous des renseignements sur la fiscalité dans les états et les villes que vous représentez. Qui parmi vous se croit le plus privilégié(e)? Qui estime son poids fiscal excessif? Précisez.

B. Renseignez-vous sur la politique fiscale de votre ville ou commune. Comment la modifieriez-vous?

C. Vu la situation économique actuelle chez vous, dressez la liste des gens qui devraient être éxonérés de toute imposition. Si la T.V.A. était jamais adoptée aux États-Unis, quels produits estimez-vous faudrait-il éxonérer? Justifiez vos réponses. Quels produits sont actuellement éxonérés dans votre ville?

DVD Manual

Épisode 8   *La gastronomie*

ANTICIPATION

Avant de commencer

Quel pays a poussé plus loin que la France sa passion pour la bonne table? La cuisine française est sans doute un des fleurons [*jewels*] de la culture européenne, voire mondiale, puisque ce sont les chefs français qui détiennent depuis longtemps la première place incontestable dans ce domaine. Or, si la gastronomie implique la culture du goût, le bon goût en général n'est pas toujours respecté par les Français, pas plus que par les autres peuples. Dans cet épisode, nous allons rencontrer Joël Robuchon, chef cuisinier du restaurant Chez Jamin, à qui un jury international de spécialistes culinaires vient de décerner le prix grandiose de «meilleur cuisinier du monde».

La cuisine française est extrêmement variée selon les régions. On parle également de cuisine bourgeoise et maintenant de cuisine nouvelle, et de cuisine minceur. Les restaurant français sont évalués selon des normes homologuées par des guides prestigieux, notamment le *Guide Michelin* qui fait le bonheur ou le malheur [*make or break*] de certains établissements.

Ceci dit, la France et surtout Paris n'ont su résister à l'invasion du fast-food et ont même adopté l'anglicisme pour le désigner. Un *self* et un *fast fooder* sont des références ordinaires dans le jargon quotidien. McDonald's, abbrévié Mac Do, comptent de nombreux établissements, adaptés au goût des Français. On peut y commander son Big Mac, et s'attendre à payer sensiblement [*significantly*] plus cher que l'équivalent aux États-Unis. Il faut ajouter que travailler chez Mac Do a même un certain cachet snob pour une certaine souche sociale de jeunes.

Bien que McDonald's soit loin d'être le seul commerce ni le premier à imposer un visage douteux sur la fameuse avenue des Champs-Élysées, c'est lui qui symbolise sans doute le plus le sentiment outragé [*feeling of outrage*] de beaucoup de Parisiens. Vous serez sans doute surpris de découvrir sur les Champs-Élysées non seulement de belles perspectives, mais surtout une concentration étonnante de publicités. Pour beaucoup de Parisiens, cela dépasse depuis longtemps les limites tolérables du bon goût et on cherche à rendre à cette vénérable voie son élégance et son esthétique. Le maire de Paris, Jacques Chirac, vient d'annoncer un ambitieux programme de réaménagement [*facelift*] qui supprimera les multitudes de panneaux publicitaires [*billboards*] pour rendre aux beaux immeubles leur harmonie de façade. Il faudra également mieux contrôler le stationnement des automobiles, et peut-être même limiter la circulation. La politique sociale de Jacques Chirac est souvent critiquée, comme quoi [*in that*] il ferait de Paris une ville pour les riches uniquement. Cette initiative de rénovation des Champs-Élysées sera sans doute vue avec le même regard critique, sauf que, il faut l'avouer, Champs-Élysées évoque chez tous le grand luxe.

SCÉNETTE 1

Que savez-vous déjà?

Selon les images seules, quel est le sujet de cette scénette? À regarder les tables, que peut-on dire d'un bon restaurant parisien comme Chez Jamin. Que veut éveiller chez le gourmet un grand chef comme Robuchon?

Lexique

Substantifs

la bouillabaisse   *Provençal fish soup*
la choucroute   *sauerkraut*
la garniture   *garnish*
le goût   *taste*
la saveur   *flavor*

Adjectifs

épuré   *refined*
primordial   *essential*

Verbes

éveiller   *to awaken*
évoluer   *here: to change*
susciter   *to arouse*

Autre expression

les papilles gustatives   *taste buds*

DÉNOUEMENT

Compréhension

A. En une ou deux phrases, résumez l'essentiel de cette scénette.

_____

_____

_____

_____

_____

B. Vrai ou faux? Cochez la réponse qui convient.

		Vrai	Faux
1.	Selon Robuchon, le goût est le sens primordial.	_____	_____
2.	Aujourd'hui on recherche la saveur épurée.	_____	_____
3.	La bouillabaisse a le même goût partout.	_____	_____
4.	La choucroute est un plat alsacien.	_____	_____

Vive la différence!

Quelles différences et quelles ressemblances culturelles avez-vous remarquées?

_____

_____

_____

_____

_____

Qu'en pensez-vous?

A. Que veut dire Robuchon quand il parle de la«cuisine de terre», la «cuisine du ciel», et la «cuisine de l'air»?

B. Est-ce que vos papilles gustatives sont éveillées par les images de plats que vous voyez? Dites quels plats vous préférez en général et pourquoi.

C. Quels plats préférez-vous? Décrivez une repas gastronomique français mémorable. Qu'est-ce qui vous a plu ou déplu?

RENSEIGNEZ-VOUS!

A. Dans un livre de cuisine française, trouvez les recettes pour une bonne bouillabaisse, une bonne choucroute, et la fameuse morue fraîche poêllée aux aromates que vous voyez sur l'écran. En feuilletant dans le même livre, dressez un menu que vous aimeriez préparer pour des invités prestigieux.

B. Choisissez chacun/e une province (consultez la carte dans l'appendice). Faites un topo sur la cuisine régionale correspondante. Quels plats de la gastronomie française ont été popularisés aux États-Unis?

C. Comparez les habitudes de la table française et celles de la table américaine. Choisissez de part et d'autre celles que vous appréciez le plus et dites pourquoi.

SCÉNETTE 2

Que savez-vous déjà?

Comment les Français, jeunes et moins jeunes, apprécient-ils les fast fooders? Ces restos sont-ils bien fréquentés? A 5 ou 6 FF le dollar (le taux change), comparez les prix pratiqués dans les fast-foods français et américains?

Lexique

Substantifs

le plat   *dish*
le velouté de homard   *cream of lobster*

Autres expressions

bougrement   *damn*
ketchup d'or   *gold-medal ketchup*
flanquer une paix royale   *to leave in peace (colloq.)*

Adjectif

génial   *fantastic (colloq.)*

DÉNOUEMENT

Compréhension

A. En une ou deux phrases, résumez l'essentiel de cette scénette.

_____

_____

_____

_____

Vive la différence!

Quelles différences et quelles ressemblances culturelles avez-vous remarquées?

_____

_____

_____

Qu'en pensez-vous?

A. Le critique gastronomique, Christophe Bourseiller, explique que le fast-food, c'est là où on attend le plus. Appréciez cette remarque. Dans quels restaurants fast-foods aux U.S.A. attend-on le plus longtemps? Les habitudes gastronomiques françaises ont-elles changé à votre avis? En quoi? Quelles classes sociales constituent la clientèle des fast-foods?

B. Le même critique explique que «si c'est trop bon, ça sort de sa catégorie»? Expliquez.

C. Les Français considèrent-ils les fast-foods en tant que «*junk food*»? Expliquez.

D. «Lent, cher, et mauvais» voilà sur quoi est fondé le succès du fast-food. Êtes-vous d'accord? Comment expliquer ce phénomène?

RENSEIGNEZ-VOUS!

A. Suite à ce que vous venez de voir sur les fast fooders en France, essayez d'expliquer le succès retentissant [*resounding*] de McDonald's quand s'ouvrit le premier resto à Moscou il y a peu de temps.

B. Préparez une liste des mots français utilisés dans la gastronomie aux U.S.A.

SCÉNETTE 3

Que savez-vous déjà?

Quelle célèbre entreprise française est évoquée dès le début de la scénette? Quels produit commercialise-t-elle? Son emblème s'appelle le bibendum. Savez-vous de quoi il est fait? Connaissez-vous le guide dont on parle? Pouvez-vous maintenant deviner le rapport qu'il y a avec le restaurant de luxe que nous visitons? Où se trouve ce restaurant? Identifier cette ville sur la carte dans l'appendice. Dans quelle province se trouve-t-elle? Pour votre information, un film comique de Claude Zidi avec un grand acteur favori des Français, Louis de Funès, est sorti dans les années soixante. Il s'agit de *L'Aile ou la cuisse* où un inspecteur vient évaluer un fameux restaurant pour déterminer s'il mérite une étoile de plus. On fait allusion à ce film dans le dialogue. Tâchez de repérer cette allusion.

Lexique

Substantifs

le crouton de truffes *truffles in a crust*
la Joconde *the Mona Lisa*
le mets *gastronomic dish*

Verbes

s'offrir *to treat oneself to*
souligner *to underscore*
soupçonner *to suspect*

Adjectifs

saignant *cooked rare*
souriant *smiling*

Autres expressions

à point *medium rare*
ESSEC *a graduate business school*
'y a pas de quota *there's no quota*
tisser au fil d'or *to prepare with kid gloves*
troisième étoile *third star (highest restaurant rating)*

DÉNOUEMENT

A. En une ou deux phrases, résumez l'essentiel de cette scénette.

_____

_____

_____

_____

B. Vrai ou faux? Visionnez et écoutez attentivement une autre fois. Puis, cochez la réponse qui convient.

		Vrai	Faux
1.	Bernard Naegellen est un restaurateur.	_____	_____
2.	Michelin ne vend que des pneus.	_____	_____
3.	Le Prince du Luxembourg est au Luxembourg.	_____	_____
4.	On voit le cuisinier préparer une pièce de bœuf.	_____	_____
5.	Émile Jung est un grand cuisinier.	_____	_____
6.	Émile Jung a obtenu sa troisième étoile.	_____	_____
7.	Un inspecteur Michelin reste anonyme.	_____	_____
8.	Au Prince chaque mets est limité à 3 ingrédients.	_____	_____

Vive la différence!

Quelles différences et quelles ressemblances culturelles avez-vous remarquées?

_____

_____

_____

_____

Qu'en pensez-vous?

A. Quand vous sortez dîner, consultez-vous les guides ou les critiques des restaurants? Pourquoi ou pourquoi pas? Quels mets avez-vous tendance à commander? En ce qui concerne le bœuf, le préférez-vous, à point [_medium_], saignant [_medium rare_], ou bleu [_rare_]?

B. Décrivez le meilleur restaurant que vous avez jamais fréquenté. Où se trouve-t-il? À quelle occasion y êtes-vous allé(e)? Quels mets avez-vous commandés? Estimez-vous que le rapport qualité-prix était convenable? Précisez.

C. Quels sont les avantages et les inconvénients d'une carrière de chef? Imaginez la vie quotidienne d'un grand chef.

D. Les Français, et d'autres aussi, estiment que la cuisine française est à juste titre la plus réputée. Il existe pourtant beaucoup d'autres cuisines nationales. Partagez-vous cette opinion, ou croyez-vous que d'autres cuisines sont tout autant estimables? Donnez des exemples.

RENSEIGNEZ-VOUS!

A. Trouvez un *Guide Michelin* rouge récent, et repérez le restaurant en question. A-t-il en fait ses trois étoiles? Faites une petite fiche d'informations pour les communiquer à un correspondant qui cherche une bonne expérience gastronomique à l'occasion d'un prochain voyage en Alsace.

B. Que faut-il faire pour avoir une formation de chef de cuisine? Quels sont et où sont les instituts les plus reconnus? Quelles sortes de stages proposent-ils?

SCÉNETTE 4

Que savez-vous déjà?

Si vous avez déjà visité les Champs-Élysées, vous savez sans doute que cette avenue ne répond pas à tous les standards du bon goût. Ce reportage vous confirme-t-il dans vos opinions? Au lieu de prestige et d'élégance que trouve-t-on? Pouvez-vous donc imaginer la controverse actuelle? Quel contrepoids [*alternative*] veut exercer Le Fouquet's?

Lexique

Substantifs

la poubelle   *garbage can*
le sauvetage   *rescue*

Verbes

abîmer   *to spoil*
clore   *to close*
freiner   *to slow down*
sombrer   *to sink*

Adjectifs

laid   *homely*
môche   *ugly*

Autres expressions

cure de nostalgie   *treatment for nostalgia*
faire marche-arrière   *here: to go back in time*

DÉNOUEMENT

Compréhension

A. En une ou deux phrases, résumez l'essentiel de cette scénette.

_____

_____

_____

B. Visionnez encore une fois la scénette 4, et écoutez particulièrement Maurice Casanova attribuer la responsabilité pour l'état actuel des Champs-Élysées. Notez les trois coupables [*guilty parties*]:

1. _____

2. _____

3. _____

Vive la différence!

Quelles différences et quelles ressemblances culturelles avez-vous remarquées?

_____

_____

_____

_____

Qu'en pensez-vous?

A. Rédiger une lettre au ministre de la culture, Jacques Lang, pour partager avec lui vos opinions sur l'aspect physique actuel des Champs-Élysées. À votre avis, pourquoi l'avenue des Champs-Élysées a-t-elle «sombré sous les frites,» comme l'indique notre reporter?

B. Identifiez l'avenue principale dans votre ville, où dans une ville que vous connaissez bien. Le même problème existe-t-il? Y a-t-il eu des mesures prises pour assurer un minimum de garantie esthétique?

C. Observez la terrace du restaurant Le Fouquet's. S'il fallait éliminer toutes publicités des Champs-Élysées, Le Fouquet's devra-t-il se plier [conform] aux mêmes règlements?

RENSEIGNEZ-VOUS!

A. Dans la conversation avec M. Lang, le journaliste fait allusion à l'architecte Pei? Faites des recherches sur cet architecte, son importance pour Paris, et le sens de cette question, ou consultez l'épisode 15, à la page 109.

B. Parmi ceux qui autrefois fréquentaient Le Fouquet's on évoque Georges Simenon, Jean Gabin, et Michelle Morgan. Identifiez ces notables et le rôle qu'ils ont joué dans la conscience des Français.

C. Un personnage curieux paraît sur l'écran. C'est César. C'est un sculpteur, connu surtout dans le monde du ciné- ma. Cherchez des renseignements sur lui et faites un topo que vous partagerez avec vos camarades.

DVD Manual

Épisode 9   *La mode*

ANTICIPATION

Avant de commencer

La tradition veut que la France soit non seulement reconnue pour sa gastronomie, mais aussi pour la mode. Au printemps et en automne, les journalistes de la mode sont convoqués aux défilés de mode pour voir, critiquer, et commenter près de 10 000 articles de vêtement [*garments*]. Il existe une liste impressionnante de grands couturiers. Vous connaissez sans doute les noms de Balmain, Yves St. Laurent, Christian Dior, Montana, Ungaro, Guy Laroche, Givenchy. En plus de ces maisons, il existe un nombre important de maisons plus modestes. Un prix d'excellence, le dé d'or [*golden thimble*], est décerné au meilleur couturier de l'année.

Comme tous domaines, la mode a son propre vocabulaire et jargon. Un «mannequin», toujours au masculin, est l'homme mais surtout la femme qui porte la nouvelle création. Un «modèle», par contre, est un type de vêtement et non pas une personne. L'ensemble des nouvelles créations s'appelle la «collection». Le mot «tailleur» signifie à la fois l'ouvrier qui assemble le vêtement et le costume à deux pièces pour dame. Le spectacle de présentation d'une nouvelle collection s'appelle un «défilé». Ce qui ne fait pas partie de la collection des grands couturiers mais est fort souvent imité pour le grand public s'appelle le «prêt-à-porter». À Paris, un quartier souvent méconnu [*little known*] des touristes est le Sentier où se multiplient les commerçants et les artisans de la mode. Certains sont détaillants, c'est-à-dire qu'ils vendent au détail [*retail*] à des particuliers, mais la majorité sont grossistes, c'est-à-dire qu'ils vendent en gros [*wholesale*] à d'autres commerçants. Un petit nombre pratique la formule semi-grossiste et acceptent les deux types de clientèle à la recherche du nouveau «look», terme courant dans le jargon de la mode.

Qui peut se permettre la collection des grands couturiers? Seules les femmes richissimes (très riches), bien sûr, souvent des actrices. Dans certains cas, celles-ci acceptent de sortir en société, portant la robe d'un grand couturier qui la lui offre pour que l'actrice fasse la pub [*promote*] au couturier. L'actrice devient alors un véritable panneau publicitaire pour la maison de haute couture. C'est peut-être le cas de Christian Lacroix, sujet de la première scénette. Ce n'est certainement pas le cas de la maison Lecanet Hémant dont les ressources sont sensiblement plus modestes, et dont l'un des partenaires explique la politique commerciale.

SCÉNETTE 1

Que savez-vous déjà?

Le sujet de la scénette est évident: Christian Lacroix a beaucoup été suivi par la presse internationale ces dernières années. Il explique les principes directeurs de son art. À votre avis, de qui s'inspire-t-il pour arriver à ces créations fantaisistes? Donnez vos opinions sur la haute couture en général, et cette création en particulier.

Lexique

Substantifs

le dessin   *design*
un essayage   *fitting*
le modèle   *model (item)*
le tableau   *painting*
le tailleur   *lady's suit*
la volute   *curl*

Verbe

découper   *to cut out*

Adjectif

souple   *flexible*

Autres expressions

heures de main d'œuvre   *man hours*
proposer à 60 000 FF   *to sell for 60,000 FF*
sur mesure   *tailor-made*

DÉNOUEMENT

Compréhension

A. En une ou deux phrases, résumez l'essentiel de cette scénette.

_____

_____

_____

B. Fournissez le mot qui manque selon le contexte.

Le défilé Christian Lacroix compte plus de _____ modèles. Christian Lacroix est

originaire de _____. Pour réaliser une nouvelle _____ de

vêtements, Christian Lacroix prétend qu'il faut toujours du _____ tout en restant fidèle

à soi-même. Il ne veut pas faire de la couture- _____. Sa création doit rester un

_____.

Il faut compter une centaine d'heures de _____ avant de faire un

_____ sur le mannequin. Dans la création en question, Christian Lacroix a cherché à

réaliser un équilibre entre la _____, les _____ et le

_____.

Vive la différence!

Quelles différences et quelles ressemblances culturelles avez-vous remarquées?

_____

_____

_____

_____

Qu'en pensez-vous?

A. Êtes-vous tributaire [*dependent*] de la mode? Vous habillez-vous pour vous-même ou pour les autres? Expliquez pourquoi ou pourquoi pas.

B. En quoi consiste le look de cette année? Établissez des comparaisons avec les tendances des années précédentes. Imaginez la mode en l'an 2000.

C. En plus de vos vêtements, vous coiffez-vous différemment? Le jean est-il toujours dominant dans votre garde-robe [*wardrobe*]? Qu'est-ce qu'on porte comme accessoires?

D. Vous êtes-vous jamais fait faire un vêtement sur mesure? Par qui? Quels furent les résultats?

E. Vous êtes critique de la mode. Donnez libre cours à votre opinion et dites ce que vous pensez du tailleur de Christian Lacroix. Vaut-il les 60 000 F que l'on demande? Dites pourquoi ou pourquoi pas.

RENSEIGNEZ-VOUS!

A. Le tailleur de Christian Lacroix est inspiré, nous dit-on, du Zouave de Van Gogh. Expliquez cette allusion et pourquoi le modèle a été baptisé *Vincent*.

B. Le défilé est accompagné de musique. Avec l'aide d'un mélomane (voir Épisode 8, p. 59), identifiez le morceau de musique qui assure le fond sonore. Pourquoi ce choix, selon les données du défilé?

SCÉNETTE 2

Que savez-vous déjà?

En quoi ces deux créateurs se distinguent-ils de Christian Lacroix dans la scénette précédente? Le défilé semble-t-il avoir une autre qualité? Précisez.

Lexique

Substantifs

la gestion   *business management*
la maison   *(fashion) house*
le mannequin   *model (human)*

Verbe

gâcher   *to spoil*

Adjectif

auto-financé   *self-financed*

Autres expressions

au bataillon   *among the crowd*
chambre syndicale   *employer's federation*
contre vêtement   *in exchange for the garment*

DÉNOUEMENT

Compréhension

A. En une ou deux phrases, résumez l'essentiel de cette scénette.

_____

_____

_____

B. Les statistiques de la haute couture. Lecanet et Hémant sont les derniers-venus [*most recent arrivals*] dans le monde de la haute couture, mais ils ne font pas partie du club des grands.

Il y a actuellement _____ membres du club des grands couturiers.

Il faut avoir un minimum de _____ employés et son propre atelier.

Il faut prévoir _____ collections par an.

Chaque collection doit proposer un minimum de _____ modèles.

Lecanet Hémant comptent _____ employés. Les grands couturiers en compte entre

_____ et _____.

Un défilé coûte entre _____ et _____ de francs.

Les robes de Lecanet Hémant se vendent à raison de _____% à des clientes américaines,

_____% à des clientes internationales, et le reste, soit _____%, à des clientes

françaises.

Vive la différence!

Quelle différences et quelles ressemblances culturelles avez-vous remarquées?

_____

_____

_____

_____

_____

Qu'en pensez-vous?

A. Vous êtes de nouveau critique de mode. Exprimez vos opinions sur les modèles de Lecanet Hémant. Lequel vous semble le plus original? Pourquoi?

B. Une actrice qui contre vêtement fait de la publicité pour la maison: cela vous semble-t-il acceptable ou pas? Pourquoi?

C. Menez un débat sur la profession de couturier. Quelle préparation faut-il? Aimeriez-vous faire partie de ce monde? Pourquoi ou pourquoi pas?

RENSEIGNEZ-VOUS!

A. En fin de scénette, on entend dire que «faire partie du club des vingt-deux grands, ce n'est pas tout; il faut aussi être dans les papiers de la presse spécialisée». Analysez cette remarque dans le contexte de l'image et expliquez-la.

B. Choisissez un célèbre grand couturier français (voir Anticipation) et faites un topo sur lui ou elle, à l'oral ou par écrit. Comment cette personne a-t-elle débuté dans sa carrière? Qui l'a influencé(e)?

DVD Manual

Épisode 10 *Les sports et les passe-temps*

ANTICIPATION

Avant de commencer

Dans le domaine des sports les Français se distinguent au niveau international dans des secteurs particuliers, surtout le cyclisme et plus récemment le ski. Pour le ski, une infrastructure très importante ne cesse de se développer dans les régions montagneuses des Alpes et des Pyrénées où les sports d'hiver font l'objet d'une passion acharnée. Les jeux Olympiques prochains—on dit les J.O.—auront lieu effectivement à Albertville en Haute-Savoie. Situez cette région sur une carte. Récemment, une grosse inquiétude fut ressentie, provoquée par un saison de sécheresse [*drought*] exceptionnelle. Résultat: très peu de neige, cauchemar [*nightmare*] financier pour de nombreux opérateurs de stations de ski, et déception [*disappointment*] pour les milliers d'amateurs de ski.

Les Français, qui longtemps concentraient leurs vacances sacrosaintes au mois d'août uniquement, ont maintenant tendance à se partager entre les loisirs d'été et ceux des mois d'hiver. En juillet et août, par contre, les fanas [*fans*] du cyclisme suivent les étapes du célèbre Tour de France. Cette épreuve [*competition*] prestigieuse accueille maintenant de nombreux cyclistes étrangers, y compris des athlètes américains dont le plus connu est Greg Lemond, trois fois porteur du Maillot Jaune, c'est-à-dire, vainqueur du Tour de France.

Au printemps, c'est le tennis qui passionne le public sportif français. Roland-Garros est le court de tennis parisien où les grands de ce sport se confrontent dans le French Open. N'oublions pas non plus la passion des Français pour le foot [*soccer*]. Rappelons aussi que les matchs de foot européens ont récemment fait l'objet de vives controverses parce qu'ils attirent des bandes de voyous [*hoods*], genre skinheads, qui, sous prétexte de nationalisme fervent, provoquent des émeutes [*brawls*], des blessés et des morts.

Un peu plus surprenant [*surprising*] est la boxe. Ici, à peine dix Français ont remporté un championnat. Quel évènement le 11 février 1989, quand René Jacquot, âgé de 27 ans, est couronné champion du monde des Super Welter! Il est originaire de l'est de la France et il a battu Don Curry, un Américain, dit le «cobra».

Nous parlerons d'autres activités sportives des Français en vacances dans l'épisode 11, à la page 79. Avant cela, nous vous invitons à connaître la belle histoire du boxeur René Jacquot. Par ailleurs, vous allez apprécier les passe-temps sportifs proposés par les bases de plein air au Québec, où les familles peuvent participer à de nombreuses activités engageantes et bon marché dans le cadre pittoresque d'une région lacustre [*lake*] québecoise et dans respect de la nature.

SCÉNETTE 1

Que savez-vous déjà?

Il est facile de deviner le contenu de cette scénette par les seules images. L'expression-clé à apprendre c'est «plein air» [*outdoors*]. Vous allez aisément identifier les activités sportives proposées dans ces centres. Qui les pratiquent et dans quelles conditions? Avez-vous des notions dans quelle sorte de région vous êtes, soit grâce aux images, soit à l'accent du français que vous entendez? À ce sujet, vous pourrez vous référez à l'Épisode 1. Vous allez formuler une hypothèse sur les mérites de ces sports, les motivations des participants, et l'ambiance dans laquelle ces activités se déroulent. Vérifiez votre hypothèse par la suite.

Lexique

Substantifs

une foule   *here: a bunch (colloquial)*
le loisir   *leisure*
le moniteur   *counselor*
la planche à voile   *windsurfing*
un usager   *user*
la voile   *sailing*

Verbes

plannifier   *to plan*
provenir de   *to come from*

Adjectifs

axé   *focused*
inclus   *included*

Autres expressions

partout   *everywhere*
plein air   *outdoors*
en plein éclatement   *booming*

DÉNOUEMENT

Compréhension

A. En un ou deux phrases, résumez l'essentiel de cette scénette.

_____

_____

_____

_____

_____

B. Pour mieux apprécier la phonétisme du français canadien, réviser l'épisode 1, à la page 4, et consultez l'épisode 13, à la page 93. Ensuite, écoutez attentivement cette scénette une autre fois, en particulier le premier discours mené par Serge Martel, directeur de la Base du Lac Mourier. Remarquez les particularités de l'accent québecois, et remplissez les vides par les mots que vous arriverez à identifier dans la transcription partielle ci-dessous. Il faudra faire passer ce segment plusieurs fois. Vous pouvez travailler en groupe ou seul(e).

Le gens qui fréquentent les bases de plein air circulent à travers les _____ de plein

_____. Ils utilisent une base de _____ air une année; l'

_____ d'après, ils vont dans une autre. Ce qui fait que les bases

_____ plein air s'échangent des clientèles et que les _____ sont

maintenant des clientèles provinciales. Les _____ nous viennent de

_____. Ici, au Lac _____, [. . .] il y a des clientèles qui nous

_____ de Montréal, _____, du Bois Saint-Laurent, d'un peu

_____ au Québec. Et de plus en plus, les _____

_____ _____ _____ vont recevoir des

_____ de ce _____ -là.

Vive la différence!

Quelles différences et quelles ressemblances culturelles avez-vous remarquées?

_____

_____

_____

_____

Qu'en pensez-vous?

A. Certaines personnes associent l'activité en plein air avec la solitude. Or, ici, c'est le contraire. Quelles opinions partagez-vous là-dessus?

B. Estimez-vous que les gens sont suffisamment sensibilisés pour respecter l'écologie fragile de la nature? Quel rôle peuvent jouer les bases de plein air à cet égard?

RENSEIGNEZ-VOUS!

A. Si vous connaissez un établissement où on propose un séjour en plein air près de chez vous, faites une petite documentation pour la partager avec un correspondant français qui aimerait découvrir avec vous le cadre naturel d'une région favorite.

B. Cette scénette projette un souci écologiste. Renseignez-vous sur le mouvement politique des Verts en Europe pour rendre compte [account for] d'un phénomène relativement récent dans le cadre politique européen. Comparez ce mouvement au mouvement écologiste américain.

SCÉNETTE 2

Que savez-vous déjà?

Qui sont les deux adversaires du match? Lequel défend le titre de champion du monde dans la catégorie Super Welter? Lequel prétend au titre? Qui a donc gagné? On parle d'une «belle histoire». Pouvez-vous deviner en quoi cette histoire consiste? Quelles sont les qualités apparentes du boxeur français?

Lexique

Substantifs

l'avenir   *future*
le bien   *good; welfare*
le chômeur   *unemployed person*
la reconversion   *new leaf in life*

Verbes

céder   *to yield*
confondre   *to confuse*
cravacher   *to work like mad*
retirer   *to withdraw*
tricher   *to cheat*

Adjectifs

propre   *clean*
mignon   *cute*

Autres expressions

ancien chômeur   *formerly unemployed*
au fond   *deep down*
c'est pas mon truc   *colloq: it's not my thing*
désormais   *henceforth*
en haut de l'affiche   *prominently posted*
en revanche   *on the other hand*

DÉNOUEMENT

Compréhension

A. En une ou deux phrases, résumez l'essentiel de cette scénette.

_____

_____

_____

B. Vrai ou faux? Cochez la réponse qui convient.

		Vrai	Faux
1.	On croyait peu en René Jacquot.	_____	_____
2.	René Jacquot prétend ne jamais tricher avec le travail.	_____	_____
3.	René Jacquot est modeste.	_____	_____
4.	La femme de René Jacquot s'appelle Camille.	_____	_____
5.	Don le «cobra» Curry était le favori.	_____	_____

Vive la différence!

Quelles différences et quelles ressemblances culturelles avez-vous remarquées?

_____

_____

_____

_____

Qu'en pensez-vous?

A. On nous dit de Jacquot qu'il ne confond pas la boxe avec la vie. Explique cette remarque et dites ce que vous en pensez.

B. Pourquoi appelle-t-on René Jacquot une antistar?

C. Reconstituez la liste des éléments qui pour Jacquot sont les indices de la bonne vie. Êtes-vous d'accord avec lui, ou avez-vous votre propre définition?

D. On parle d'autoriser à des professionnels de participer aux jeux olympiques. Est-ce juste? Menez le débat.

E. Que pensez-vous de la boxe? Est-ce un sport violent et dangereux? Faudrait-il la supprimer comme épreuve sportive? Dites pourquoi ou pourquoi pas.

RENSEIGNEZ-VOUS!

A. Cherchez dans la presse des articles sur les préparatifs des jeux Olympiques d'hiver à Albertville. Faites un topo que vous partagerez avec la classe.

B. Faites un tour d'horizon [*overview*] des personnalités sportives françaises, femmes et hommes qui se sont distingués dans les dernières années.

C. Faites un topo sur la boxe sur le plan professionnel et sur le plan des jeux Olympiques.

DVD Manual

Épisode 11 *Les vacances*

ANTICIPATION

Avant de commencer

Rien de plus sacré pour les Français que les vacances. Les salariés français bénéficient jusqu'à cinq semaines de congé payé par an. En conséquence, la France peut se vanter d'une énorme infrastructure hotelière pour accueillir non seulement les Français en vacances mais des millions de touristes venus de l'étranger. Il n'y a pas très longtemps, «grandes vacances» voulait dire les vacances des mois d'été où une population entière ciblait [*targeted*] quasiment les mêmes dates de départ qu'on appelaient les grands départs. Ainsi début juillet annonçait la première vague [*wave*] de vacanciers, appelés les juilletistes, et début août annonçait la seconde vague de vacanciers, appelés les aoûtiens. Les autoroutes rayonnant principalement de Paris, le chassé-croisé [*criss-crossing*] entre ceux qui partent et ceux qui reviennent demeure jusqu'aujourd'hui un cauchemar pour les autorités publiques. Les statistiques d'accidents routiers sont toujours alarmantes.

Plusieurs phénomènes ont occasionné des changements dans les décisions prises par les vacanciers français. L'intérêt que beaucoup portent aux sports d'hiver (voir Épisode 10), font qu'on partage ses vacances en deux temps: quinze jours en sports d'hiver, le reste en vacances «classiques». Les autorités scolaires ont même divisé le pays en plusieurs zones de vacances d'hiver pour éviter les grands embouteillages. Ces périodes restent néanmoins très chargées pour les transports en commun. Un nombre croissant de Français s'oriente vers l'étranger, y compris un chiffre record de touristes français qui débarquent sur les États-Unis, surtout quand le taux de change [*exchange rate*] entre le dollar et le franc leur est favorable. Enfin, une nouvelle mode: partir juste après le 14 juillet, et revenir juste après le 15 août, la fête de l'Assomption, jour férié officiel en France.

Où les Français cherchent-ils à se rendre? Ils ont longtemps envahi les plages de la Méditerranée et saturé la fameuse Côte d'Azur, où le soleil était garanti pour faire le poids [*offset*] avec les longs jours gris et pluvieux de Paris. La manie du bronzage [*suntan*] comme indice de vacances réussies persiste en France, malgré les avis des dermatologues. La Côte reste toujours saturée, ainsi que la majorité des stations balnéaires [*seaside resorts*] sur le littoral [*coast line*] Atlantique et de la Manche. La Bretagne détient la seconde place comme région de villégiature [*leisure time*], et de plus en plus les montagnes séduisent surtout par leurs activités organisées, l'idéal des familles. Nous verrons cela dans la scénette qui suit.

Il existe également ce qu'on appelle les «vacances vertes» où on redécouvre le patrimoine [*heritage*] de la campagne et de la France profonde. Un réseau [network] impressionnant de gîtes ruraux [*farm stays*] propose aux vacanciers un cadre rustique et confortable, une table simple et soignée, et les avantages du calme et de l'authentique. Nombreux sont les particuliers [*private citizens*] qui font chambre d'hôte [*bed and breakfast*] et permettent aux automobilistes de s'aventurer dans l'arrière-pays, loin des soucis et du stress des grands centres.

Tout cela implique qu'il faut réserver partout d'avance. Or, comme nous l'apprend cet épisode, un nouveau phénomène se fait remarquer: les vacanciers itinérants. Ceux-ci se déplacent au gré [*depending on*] du temps, de la région, de la fantaisie, et choisissent des vacances à la carte. Comment vont s'en sortir les agences de voyages si elles ne peuvent plus prévoir les modalités de mouvement des vacanciers?

SCÉNETTE UNIQUE

Que savez-vous déjà?

À visionner cet épisode, faites une liste aussi complète que possible des activités de vacances que vous voyez ou que l'on nomme. Comparez vos listes les uns avec les autres. Qu'est-ce que cela vous dit sur la géographie de la France? Peut-on dire que c'est un pays favorisé?

Lexique

Substantifs

la baisse	*decrease*
le dépaysement	*change of scenery*
la fréquentation	*here: tourist trade*
la location	*rental*
le repos	*rest*

Adjectifs

favorisé	*blessed*
itinérant	*itinerant*
moyen	*average*

Verbes

constater	*to notice*
se déplacer	*to move about*
s'éclater	*to have a ball (colloquial)*
prévoir	*to anticipate*

Autres expressions

à l'œil	*to the naked eye*
s'arracher les cheveux	*to pull one's hair out*
à tel point que	*so much so that*
au gré	*depending on*
au profit	*on behalf*
boîte de nuit	*night club*

DÉNOUEMENT

Compréhension

A. En une ou deux phrases, résumez l'essentiel de cette scénette.

_____

_____

_____

_____

_____

B. Comme nous l'avons remarqué, les Français se déplacent énormément sur tout le territoire du pays. C'est l'occasion de faire une révision de géographie. À l'aide de la carte dans l'appendice, et d'un atlas ou d'un dictionnaire, cochez dans la grille ci-dessous les cases qui conviennent.

Destinations	Nord	Sud	Est	Ouest	Centre	Ville	Région
Bretagne							
Royan							
Aquitaine							
Châteaux de la Loire							
Normandie							
Pas-de-Calais							

C. Visionnez encore une fois cet épisode en faisant particulièrement attention aux statistiques de baisse (–) ou de hausse (+) dans la fréquentation des lieux de vacances. Indiquez le chiffre qui convient. Indiquez également le nom et le titre professionnel du porte-parole [*spokesman*]. Si l'information n'existe pas, mettez un X. Comparez vos résultats les uns avec les autres.

Destinations	Porte-Parole	Titre	Hausse (+)	Baisse (–)
Bretagne				
Royan				
Le Centre				
Le Nord				
La montagne				
La Côte d'Azur				

Vive la différence!

Quelles différences et quelles ressemblances culturelles avez-vous remarquées?

_____

_____

_____

_____

_____

Qu'en pensez-vous?

A. De toutes les catégories de vacances évoquées dans cet épisode, lesquelles préférez-vous? Dites pourquoi.

B. Combien de congé payé vous ou vos parents avez-vous? Estimez-vous que c'est assez? Avancez un argument convainquant.

C. Décrivez vos vacances de rêve. Où iriez-vous? Pour quoi faire? Avec qui? Pour combien de temps? Qu'est-ce qui vous empêche de réaliser votre fantaisie?

D. Comparez les habitudes vacancières des Français et des Américains. Lesquelles préférez-vous et pourquoi?

RENSEIGNEZ-VOUS!

A. Faites un topo sur une ou plusieurs stations de vacances françaises. Ensuite, organisez un séjour d'un mois que vous aurez choisi vous-même. Partagez vos projets avec vos camarades.

B. Un ami français vous demande de proposer un itinéraire américain pendant un mois l'été prochain. Documentez-vous et répondez à sa demande. Vous pouvez plannifier seul(e) ou en groupe où vous pourrez débattre vos idées.

DVD Manual

Épisode 12   *Les transports*

ANTICIPATION

Avant de commencer

Paris a sans doute un système de transport en commun [*public transportation*] sans égal au monde. Le métro reste le moyen de transport le plus emprunté [*here: used*] par les Parisiens et le réseau [*network*] de lignes est étonnant par rapport à celui d'autres grandes métropoles. Au métro et aux bus se joignent les lignes express du R.E.R. (Réseau Express Régional) qui prolongent le métro classique dans la grande banlieue, et le réseau S.N.C.F. (Société Nationale des Chemins de Fer Français) pour la région de l'Île-de-France. C'est ainsi que les transports pour l'activité frénétique de la capitale sont assurés. Pour se déplacer en province, la S.N.C.F. a toujours maintenu un réseau de premier ordre, et continue à multiplier le service du T.G.V., Train à Grande Vitesse, un véritable fleuron de la technologie française. Le nouveau T.G.V. fait l'objet de la première scénette. La vitesse de pointe est de 300 km/h. Les ingénieurs français ont affiché le 18 mai 1990 le record du monde de vitesse sur rail avec 513,3 km/h, concurrençant ainsi les réseaux aériens.

Comment alors expliquer la passion des Français pour leurs voitures? Vous consulterez déjà l'épisode sur la ville et la campagne (p. 23) pour vous sensibiliser aux problèmes de la circulation, du stationnement, des pervenches, des fourrières. Vous avez apprécié le chassé-croisé [*criss-crossing*] des juilletistes et des aoûtiens discuté dans l'épisode 11 sur les vacances. Bref, on peut dire sans équivoque que les Français sont amateurs de l'automobile, une industrie de grande envergure [*scale*] et aux dimensions globales. On peut aussi dire que l'automobiliste français s'est toujours fait remarquer par sa manie de la vitesse. Les records du T.G.V. sont admirables. La manie du volant [*steering wheel*] l'est sans doute moins. Or, on découvre dans la seconde scénette, que malgré le goût de la vitesse, un grand nombre d'automobilistes ne vont pas plus vite en voiture qu'à pied. Un coup d'œil rapide sur la circulation parisienne aux heures de pointe [*rush hour*], et vous serez convaincus de cette vérité.

Résultat: les grandes villes sont fortement polluées à cause des carburants qui, pour le moment, ne sont pas contrôlés en France par des pots catalytiques, comme c'est le cas aux États-Unis et dans de nombreux pays d'Europe. Il faut reconnaître ici que les mouvements écologistes, antitabagistes [*anti-smoking*], etc. ont eu quelque peu de retard en France. Ainsi s'explique l'opinion partagée sur les mérites de l'essence sans plomb [*lead-free gasoline*], récemment introduite sur le marché français. La troisième scénette met en relief le problème de l'habitude, la liberté de choix personnel, et les prix élevés du pétrole en France. Vous consulterez l'épisode 7 (p. 49) sur l'économie pour vous rappeler l'importance fiscale du pétrole. Ne soyez pas surpris, une fois en France dans une station-service, que le prix de l'essence, avec ou sans plomb, est deux ou trois fois supérieur aux prix pratiqués aux U.S.A.

Ceci dit, ne manquez pas de vous offrir le plaisir de découvrir un jour un coin de France où vous serez tombé(e) [*stumble upon*] grâce à la voiture et l'indépendance qu'elle vous garantit.

SCÉNETTE 1

Que savez-vous déjà?

Qui n'a pas entendu parler des trains rapides en France? Quelles sont les qualités de ce service ferroviaire selon les images que vous aurez visionnées?

Lexique

Substantifs

le bavard   *talkative person*
le brouillard   *fog*
le frein   *brake*
le pilotage   *piloting*
la rame   *train*
le trajet   *trip*
la voie   *track*
la voiture   *here: train car*

Verbes

autoriser   *here: to allow for*
conjuguer   *here: to go along with*
emprunter   *here: to use*
éviter   *to avoid*

Adjectifs

accru   *increased*
étonnant   *astonishing*
puissant   *powerful*
ultra-perfectionné   *super advanced*

Autres expressions

300 km/h   *300 kilometers an hour*
de bord   *on board*
en concurrence   *in competition*
Paris/Montparnasse   *refers to the Gare de Montparnasse, one of several principal rail terminals, servicing western France*

DÉNOUEMENT

Compréhension

A. En une ou deux phrases, résumez l'essentiel de cette scénette.

_____

_____

_____

_____

_____

B. Regardez la carte qui trace les trajets du T.G.V. sur l'écran et écoutez bien les statistiques que vous fournit la voix off. À l'aide d'une carte de France, remplissez le temps qu'il faut prévoir pour faire le trajet entre deux villes desservies par le T.G.V. Là où le service n'est pas assuré, laissez blanc.

	Paris	Le Mans	Rennes	Brest	Nantes	Le Croisic	Tours	Poitiers	La Rochelle	Bordeaux	Biarritz
Paris											
Le Mans											
Rennes											
Brest											
Nantes											
Le Croisic											
Tours											
Poitiers											
La Rochelle											
Bordeaux											
Biarritz											

C. Le lexique ci-dessus vous propose quatre adjectifs à assimiler. En revisionnant et en écoutant attentivement, écrivez le substantif que chacun modifie, et faites l'accord entre les deux, tel que vous l'entendez. Certains adjectifs sont utilisés plus d'une fois.

Adjectifs	Substantifs	Adjectifs/Substantifs accordés
1. accru	sécurité	cette sécurité accrue
2. étonnant		
3. puissant		
4. ultra-perfectionné		

Vive la différence!

Quelles différences et quelles ressemblances culturelles avez-vous remarquées?

_____

_____

_____

_____

Qu'en pensez-vous?

A. En quoi le T.G.V. peut-il entrer en concurrence avec l'avion? Quel moyen de transport préférez-vous? Pourquoi?

B. Faites la comparaison des trains français avec AMTRAK. Pourquoi le train aurait-il diminué en importance aux États-Unis? Où estimez-vous qu'il serait utile de construire un T.G.V. dans votre pays? Pourquoi?

C. Le train a été le lieu d'action de célèbres évènements. En connaissez-vous certains? Précisez. En quoi le train est-il exotique?

D. La scénette nous montre les ordinateurs au service du chemin de fer. Quelles sont d'autres services rendus par les ordinateurs?

RENSEIGNEZ-VOUS!

A. Renseignez-vous auprès d'une agence de voyages sur les avantages d'un *Eurail Pass*. Quelles avantages auriez-vous personnellement avec ce document?

B. Faites un topo sur l'histoire du chemin de fer en France et aux États-Unis. Quel rôle le chemin de fer a-t-il joué dans l'histoire des deux pays?

C. L'actuel ministre des Transports, Michel Delebarre, résume une des difficultés dans le programme d'expansion du T.G.V. en signalant que «tout le monde veut des gares, mais personne ne veut les voies». Suite à votre étude sur le T.G.V., expliquez cette remarque.

SCÉNETTE 2

Que savez-vous déjà?

Comment sont les rue de Paris? Et les voitures? Que font les automobilistes aux heures de pointe?

Lexique

Substantifs

un embouteillage   *traffic jam*
le piéton   *pedestrian*
le tribunal   *court*

Verbes

consacrer   *to devote*
parcourir   *to cover (distance)*
s'occuper de   *to take care of*
s'offrir   *to treat oneself*

Adjectif

coincé   *stuck*

Autres expressions

ailleurs   *elsewhere*
à tombeau ouvert   *at breakneck speed*

DÉNOUEMENT

Compréhension

A. En une ou deux phrases, résumez l'essentiel de cette scénette.

_____

_____

_____

_____

_____

B. La speakerine fournit des statistiques étonnantes sur les automobilistes parisiens. En l'écoutant attentivement, mettez les chiffres qui conviennent dans les blancs des phrases suivantes:

1. Les automobilistes passent _____ heures par jour au volant.

2. Cela représente à peu près _____ heures par an.

3. En moyenne, les automobilistes parcourent _____ kilomètres par an.

4. En tout, les automobilistes consacrent _____ jours à leur voiture.

5. Il leur faut _____ heure pour parcourir _____ kilomètres.

6. Or, le piéton moyen marche à _____ kilomètres à l'heure.

C. La speakerine a majoré [*rounded off*] certains chiffres. Faites les calculs exacts et déposez les résultats précis de vos statistiques.

D. Il faut travailler et gagner de l'argent pour s'offrir une automobile. Il faut aussi payer tous les services en espèce [*cash*] et en temps. Visionnez une nouvelle fois et écoutez attentivement, et indiquez le genre d'établissement représenté par les indices [*signs*] suivants:

1. BP: _____

2. Hôtel-Dieu: _____

3. P: _____

4. Super f/l: _____

Vive la différence!

Quelles différences et quelles ressemblances culturelles avez-vous remarquées?

_____

_____

_____

_____

Qu'en pensez-vous?

A. À votre connaissance, quelles solutions ont été proposées pour faire face aux problèmes de la circulation dans votre ville? Quelles solutions personnelles avez-vous à proposer?

B. À votre avis, un jeune de 16 ans doit-il avoir le droit de s'offrir une voiture? Donnez le pour et le contre.

C. Vous connaissez sans doute un/une maniaque de la voiture. Dites comment il/elle manifeste sa manie. Combien dépense-t-il/elle pour sa voiture par an?

D. Les piétons ont toutes les priorités. Est-ce vrai en France? Dans le monde en général? Est-ce juste? Discutez.

RENSEIGNEZ-VOUS!

A. Une fois sur une autoroute dégagée, les automobilistes ont tendance à rouler à «tombeau ouvert». Commentez le sens ironique de cette expression.

B. Pour stationner dans une zone de stationnement payant, il faut faire quelques démarches [*take certain steps*] si vous ne voulez pas vous faire verbaliser [*get ticketed*]. Renseignez-vous et déposez un bref topo.

C. Dans la même veine, l'automobiliste se retrouve au tribunal, très près de l'Hôtel-Dieu. Identifiez le beau clocher et faites un petit historique de ce site.

D. Vous savez déjà que les Français paient de lourds impôts sur le pétrole. Observez le panneau à la station-service, et comparez le prix de l'essence avec les prix pratiqués dans votre pays. Supposez que le dollar vaut 5,5 francs.

E. «Le monde change et nous change», nous signale la voix off. Commentez.

SCÉNETTE 3

Que savez-vous déjà?

Quel grade d'essence votre voiture consomme-t-elle? Avez-vous le choix du super-sans-plomb ou du super normal? Votre voiture est-elle équipée d'un pot catalytique?

Lexique

Substantifs

un avis   *opinion*
le carburant   *fuel*
le fabriquant   *manufacturer*
le lancement   *launching*

Adjectifs

allemand   *German*
belge   *Belgian*
britannique   *British*
incitatif   *enticing*
néerlandais   *Dutch*
polluant   *polluting*
rassurant   *reassuring*
suisse   *Swiss*

Verbe

consommer   *consume*

Autres expressions

faire le plein   *to fill up*
prendre d'assaut   *to take by storm*
pot catalytique   *catalytic converter*
sans plomb   *lead-free*

DÉNOUEMENT

Compréhension

A. En une ou deux phrases, résumez l'essentiel de cette scénette.

_____

_____

_____

_____

_____

B. Six automobilistes français sont interviewés dans cette scénette. Appareillez les deux listes selon ce que vous entendez.

Automobiliste Numéro 1 _____   a.   il attend l'avis du fabriquant

Automobiliste Numéro 2 _____   b.   sa voiture est antérieure à 1986

Automobiliste Numéro 3 _____   c.   c'est une question d'habitude

Automobiliste Numéro 4 _____   d.   il attend des informations rigoureuses

Automobiliste Numéro 5 _____   e.   c'est la mode et l'avenir

Automobiliste Numéro 6 _____   f.   il faut protéger l'environnement

Vive la différence!

Quelles différences et quelles ressemblances culturelles avez-vous remarquées?

_____

_____

_____

_____

_____

Qu'en pensez-vous?

A. Comment peut-on réconcilier la protection de l'environnement avec les libertés personnelles? Songez à la pollution des carburants et des lois antitabagistes [*anti-smoking*].

B. Selon cette scénette, la communauté européenne a-t-elle résolu tous ses problèmes? Lesquels reste-t-il à résoudre?

C. Est-il possible de limiter le nombre de voitures sur les routes? Comment le gouvernement pourrait-il nous décourager de l'habitude de sauter dans notre voiture?

RENSEIGNEZ-VOUS!

A. Quelques plaques d'immatriculation [*license plates*] américaines portent un qualificatif de l'état en question. Par exemple, la Géorgie, c'est le Peach State, parce qu'on y récolte beaucoup de pêches. Faites la liste des états que vous représentez, et identifiez le qualificatif. Cherchez le renseignement pour les états qui manquent, et faites un topo explicatif pour un Français qui voudrait en savoir davantage sur cet aspect culturel américain.

B. Quels sont les modèles de voitures françaises que l'on voit aux États-Unis? Lesquels sont les plus populaires et pourquoi?

8 Workbook

Relative Pronouns

A. The relative pronoun _qui_ as subject of the relative clause

Combine the following sentences using _qui_ according to the model.

MODEL: Voilà le voyageur. Il se méfie de tout le monde.
            Voilà le voyageur qui se méfie de tout le monde.

1. Voilà la dame. Elle a perdue sa valise.

   _____

2. Voilà le criminel. Il a passé la douane.

   _____

3. Voilà le touriste. Il a le mal du pays.

   _____

4. Voilà l'étrangère. Elle parle constamment.

   _____

5. Voilà la concierge. Elle nous a accueillis.

   _____

6. Voilà la serveuse. Elle nous a servis.

   _____

B. The relative pronoun _que_ as object of the relative clause

Combine the following sentences using que according to the model.

MODEL: Voici l'appareil. Paul l'a oublié.

Voici l'appareil que Paul a oublié.

1. Voici le souvenir. Babette l'a acheté.

   _____

2. Voici le passeport. Le garçon l'a trouvé.

   _____

3. Voici les photos. Sylvie les a prises.

   _____

4. Voici le parfum. Jeannette l'a déclaré.

   _____

5. Voici la carte. Le monsieur l'a demandée.

   _____

6. Voici les chèques de voyage. Jean les a laissés au café.

   _____

C. The relative pronouns _ce qui_ and _ce que_

Answer the following questions using ce qui or ce que according to the models.

MODELS: Qu'est-ce qui se passe?

Je ne sais pas ce qui se passe.

Qu'est-ce que l'étranger raconte?

Je ne sais pas ce que l'étranger raconte.

1. Qu'est-ce que le douanier demande?

   _____

2. Qu'est-ce qui arrive?

   _____

3. Qu'est-ce que le guide veut faire?

   _____

4. Qu'est-ce qui amuse les touristes?

   _____

5. Qu'est-ce que ces touristes voudraient voir?

_____

6. Qu'est-ce qui intéresse ces snobs?

_____

D. ***The relative pronoun lequel used with prepositions***

Answer the following questions using the appropriate form of lequel according to the model.

MODEL: As-tu voyagé avec cette valise-là?

Oui, voilà la valise avec laquelle j'ai voyagé.

1. As-tu voyagé dans cette voiture-là?

_____

2. As-tu joué dans ce théâtre-là?

_____

3. As-tu attendu devant cette église-là?

_____

4. As-tu voyagé avec ce passeport-là?

_____

5. As-tu dormi dans cet hôtel-là?

_____

6. As-tu joué dans ce parc-là?

_____

E. ***The relative pronoun où***

Answer the following questions using où and the given words according to the model.

MODEL: Pierre s'est-il amusé quand il est allé au Canada?   (l'année)

Oui, il s'est amusé l'année où il est allé au Canada.

1. Brigitte est-elle triste quand son mari voyage?   (la semaine)

_____

2. Est-elle tombée amoureuse de lui quand elle l'a vu?   (l'instant)

_____

3. A-t-il laissé son adresse quand il est parti?   (au moment)

_____

4. Se plaît-il où il habite?   (dans la ville)

_____

5. Retourneront-ils où ils ont passé leurs vacances?   (dans l'endroit)

_____

6. Alain est-il retourné où il a rencontré Paulette?   (dans le café)

_____

F. *The relative pronoun <u>dont</u>*

Answer the following questions using <u>dont</u> according to the model.

MODEL: Parlez-vous de cette agence?

C'est bien l'agence dont je parle.

1. Rêvez-vous de ce pays?

_____

2. Vous souvenez-vous de cette maison?

_____

3. Avez-vous besoin de ce guide?

_____

4. Vous méfiez-vous de cet étranger?

_____

5. Avez-vous peur de ce douanier?

_____

6. Vous plaignez-vous de ce garçon?

_____

G. *The relative pronoun <u>dont</u> meaning <u>whose</u>*

Respond to the following statements using <u>dont</u> according to the model.

MODEL: Tu n'as pas cassé les lunettes de ce professeur-là!

C'est bien le professeur dont j'ai cassé les lunettes!

1. Tu n'as pas pris la photo de ce criminel-là!

_____

2. Tu n'as pas bu le vin de ce clochard-là!

_____

3. Tu n'as pas pris les clés de cet étranger-là!

_____

4. Tu n'as pas giflé le fils de cet agent de police-là!

_____

5. Tu n'as pas ouvert la valise de ce douanier-là!

_____

Demonstratives

H. The demonstrative adjective

Change the following statements using ce, cet, cette, or ces according to the model.

MODEL: L'étrangère me plaît!

Cette étrangère me plaît!

1. Le voyage me fatigue!

_____

2. Les photos sont bonnes!

_____

3. L'étrangère est sympathique.

_____

4. L'agent de police a l'esprit ouvert.

_____

5. La carte d'identité est fausse!

_____

6. Le souvenir est cher!

_____

7. L'agent de voyages ne fait rien!

_____

I. The definite demonstrative pronouns followed by *-ci* and *-là*

Respond to the following statements using *celles-ci (-là)* or *ceux-ci (-là)* according to the model.

MODEL: Apportez-moi ces valises, s'il vous plaît.

Celles-ci ou celles-là?

1. Donnez-moi ces tartes, s'il vous plaît.

   _____

2. Montrez-moi ces chemises, s'il vous plaît.

   _____

3. Montrez-moi ces stylos, s'il vous plaît.

   _____

4. Montrez-moi ces souvenirs, s'il vous plaît.

   _____

5. Montrez-moi ces pommes, s'il vous plaît.

   _____

6. Montrez-moi ces bonbons, s'il vous plaît.

   _____

J. The definite demonstrative pronoun followed by *qui*

Answer the following questions using *celui qui* or *celle qui* and the given response according to the model.

MODEL: Quelle valise avez-vous achetée?   (était en solde)

Celle qui était en solde.

1. Quelle actrice avez-vous préférée?   (avait les cheveux blonds)

   _____

2. Quel guide avez-vous préféré?   (parlait français)

   _____

3. Quel agent de voyages avez-vous choisi?   (était sympathique)

   _____

4. Quelle étrangère avez-vous aimée?   (avait l'esprit ouvert).

   _____

5. Quel avocat avez-vous engagé?   (avait de l'expérience)

   _____

K. The definite demonstrative pronouns followed by _de_

Answer the following questions using _celui_, _ceux_, _celle_, or _celles_ followed by _de_ and the given words according to the models.

MODELS: Est-ce que c'est votre valise?   (mon amie)

Non, c'est celle de mon amie.

Est-ce que ce sont vos valises?   (mon amie)

Non, ce sont celles de mon amie.

1. Est-ce que c'est votre passeport?   (mon père)

    _____

2. Est-ce que c'est votre stylo?   (Marie-Claire)

    _____

3. Est-ce que ce sont vos chèques de voyage?   (ma sœur)

    _____

4. Est-ce que c'est votre valise?   (ma mère)

    _____

5. Est-ce que c'est votre voiture?   (mon mari)

    _____

6. Est-ce que ce sont vos souvenirs?   (ce touriste-là)

    _____

L. _C'est_, _il est_, _elle est_ followed by a noun or adjective

Answer the following questions using _c'est_, _il est_, or _elle est_ and the given response according to the model.

MODEL: Quelle est la profession de Rita?   (médecin)

Elle est médecin.

1. Quelle est la profession de Jean-Claude?   (avocat)

    _____

2. Comment est Babette?   (très petite)

    _____

3. Qu'est-ce que je vois par terre?   (mon passeport)

    _____

4. Qu'est-ce que vous avez dans la main?   (un chèque de voyage)

    _____

5. Comment est Daniel?   (sympathique)

_____

6. Qu'est-ce que Janine fait?   (femme d'affaires)

_____

7. Qu'est-ce que c'est que ça?   (ma valise)

_____

M. **_C'est_ followed by modified nouns**

_Answer the following questions using _c'est_ plus the given words according to the model._

MODEL: Qui est Édith Piaf?   (une chanteuse célèbre)
   C'est une chanteuse célèbre.

1. Qu'est-ce que c'est que la Normandie?   (une province française)

_____

2. Qu'est-ce que la Réunion?   (une île lointaine)

_____

3. Qui est Voltaire?   (un écrivain français)

_____

4. Qu'est-ce qu'un Breton?   (un habitant de la Bretagne)

_____

5. Qui est Didier?   (un ami de Raymond)

_____

Lab Manual

Comprehension Exercise

A. Relative pronouns

You will hear a series of questions, each followed by three answers. Circle the logical and correct answer.

1. a. Je regarde ce que vous faites.

   b. Je visite ce qui est intéressant.

   c. Je ferais la vaisselle tous les matins.

2. a. N'importe quand.

   b. N'importe quoi.

   c. N'importe qui.

3. a. un professeur

   b. un douanier

   c. un indigène

Dictée

B. Relative pronouns

Listen to the complete <u>dictée</u>. Then write each sentence during the pauses. The complete <u>dictée</u> will be reread so that you can check your accuracy.

_____

_____

_____

_____

_____

_____

_____

_____

_____

_____

Comprehension Exercise

C. Demonstratives

You will hear a series of questions, each followed by three answers. Circle the logical and correct answer.

1. a. Faites votre valise.

   b. Ouvrez votre valise.

   c. Je vous souhaite la bienvenue.

2. a. Celle qui dit: «Je me débrouille.»

   b. Celle qui dit: «Je me méfie de tout.»

   c. Celle qui dit: «Je suis mal reçu(e).»

3. a. Ceux qui sont condescendants.

   b. Ceux qui sont mal à l'aise.

   c. Ceux qui ont l'esprit ouvert.

Dictée

D. Demonstratives

Listen to the complete dictée. Then write each sentence during the pauses. The complete dictée will be reread so that you can check your accuracy.

_____

_____

_____

_____

_____

_____

_____

_____

_____

_____

DVD Manual

Épisode 13   *La francophonie*

ANTICIPATION

Avant de commencer

Il y a plus de 200 millions de francophones dans le monde. Un ministère du gouvernement français se charge officiellement de la politique langagière et culturelle de la France, qui se distingue par son effort de promotion du patrimoine linguistique. La langue française demeure certes un indice de l'ancien vaste empire colonial, mais elle est aussi un point de repère [*point of reference*] politique et économique. C'est d'abord par la langue française que le Québec définit son identité particulière par rapport aux autres provinces canadiennes. Il reste à voir comment la crise constitutionnelle du Canada va se résoudre dans les années qui viennent.

Ailleurs dans le monde francophone, la langue française symbolise également identité et conflit. Elle reste la langue officielle d'Haïti, indépendant de la France depuis 1804 et aujourd'hui un des pays les plus défavorisés du monde. Ici, la langue créole coexiste avec le français et s'affirme dans l'ensemble des Antilles avec la Martinique et la Guadeloupe comme preuve d'autonomie vis-à-vis de la métropole. Plus près de celle-ci, la Belgique, pays prospère voisin de la France, connaît toujours des frictions ethniques entre les Wallons de langue française, habitants de la Wallonie (sud et sud-est de la Belgique) et les Flamands, plus proches des Néerlandais, pratiquant la langue flamande. Les cantons suisses de langue française englobent la ville de Genève, et le Val d'Aoste en Italie du nord résonne de français et d'italien. Là évolue un effort d'éducation bilingue qui connaît beaucoup de succès.

En Afrique, les anciennes colonies sont restées dans le système monétaire français, et la langue française s'impose dans la mesure où elle est la seule langue écrite, nécessité de l'époque moderne dans des pays en voie de développement. Enfin, malgré la dominance de la langue américaine dans la communication globale, le français continue à jouer un rôle prépondérant dans la formation intellectuelle de nombreux pays. Des missions linguistiques importantes se renouvellent en Syrie, ancien protectorat français, et en Egypte où la population cultivée parle souvent l'arabe, le français et l'anglais.

L'Alliance française demeure sans doute l'organisme le plus concret de la propagation de la francophonie. Fondée en 1883, l'Alliance bénéficie d'un soutien semi-officiel de l'état. Les directeurs affectés dans certains pays, notamment dans le Tiers monde, sont nommés par le gouvernement et pris en charge [*subsidized*] dans le cadre d'une mission linguistique. Aux États-Unis, les Alliances françaises sont des sociétés autonomes à but non-lucratif. On trouve les plus importantes Alliances françaises en Amérique latine, notamment à Mexico, à Hong Kong, au Japon, en Indonésie, bref jusqu'au bout du monde! Consultez la carte du monde francophone. L'épisode 13 vous invite à témoigner de la francophonie en Haïti, au Québec et au Sénégal.

SCÉNETTE 1

Que savez-vous déjà?

La première scénette est en trois temps: l'ambassade canadienne à Port-au-Prince, un foyer francophone canadien, et une chanson haïtienne. Quelles sont les conditions de travail en Haïti, et pour les Haïtiens à l'étranger? Pourquoi les Haïtiens cherchent-ils à émigrer? Quelle dynamique homme-femme voyez-vous? Pouvez-vous en tirer des conclusions? Avez-vous des réflexions sur les variantes de la langue française?

Lexique

Substantifs

une aide-domestique   *domestic help*
centaine   *some one hundred*
citoyenneté   *citizenship*
diaspora   *diaspora (people settled far from their ancestral homeland)*
formulaire   *forms*
règlement   *regulation*

Adjectif

renouvelé   *renewed*

Verbes

gagner   *to earn*
requérir   *to require*
supporter   *to support (Québec)*

Autres expressions

bonne à tout-faire   *all purpose maid*
un cul-de-sac   *dead end*
nouveau-venu   *newly arrived*
les siens   *his/her own; one's kin*

DÉNOUEMENT

Compréhension

A. En une ou deux phrases, résumez l'essentiel de cette scénette.

_____

_____

_____

_____

_____

B. Vrai ou faux? Cochez la réponse qui convient

		Vrai	Faux
1.	Chaque jour des dizaines d'Haïtiens émigrent.	_____	_____
2.	Il faut remplir des formulaires de plusieurs pages.	_____	_____
3.	L'ambassade canadienne est accueillante.	_____	_____
4.	La jeune Haïtienne veut venir faire ses études.	_____	_____
5.	Evelyne est célibataire.	_____	_____
6.	Après quatre ans, Evelyne a la nationalité canadienne.	_____	_____
7.	Evelyne voudrait rester au Canada.	_____	_____
8.	Elle s'occupe de six enfants québécois.	_____	_____
9.	Elle n'est pas rentrée chez elle depuis deux ans.	_____	_____
10.	Le billet d'avion Canada-Haïti coûte une année de salaire.	_____	_____
11.	En tout, Evelyne gagne 110 dollars par semaine.	_____	_____
12.	Elle envoie tout son salaire en Haïti.	_____	_____
13.	Hatrexco est une compagnie financière haïtienne.	_____	_____
14.	La diaspora et le tourisme sont deux sources de revenu.	_____	_____
15.	Evelyne a laissé quatre enfants en Haïti.	_____	_____

Vive la différence!

Quelles différences et quelles ressemblances culturelles avez-vous remarquées?

_____

_____

_____

_____

_____

Qu'en pensez-vous?

A. À votre avis, quels sont les obstacles les moins sévères et les plus sévères que confrontent les émigrés haïtiens au Canada? Les lois de l'immigration sont-elles trop sévères ou trop indulgentes? Expliquez.

B. Évaluez la situation d'une aide-domestique haïtienne dans un foyer canadien. À sa place comment vous sentiriez-vous?

C. Imaginez des touristes canadiens ou américains en Haïti. Quelle dynamique économique et sociale se joue?

D. On nous dit qu'Evelyne a «un choix cruel: ou elle reste ici avec les enfants des autres, ou elle retourne chez elle dans la misère avec les siens». Commentez.

E. Le Québec devrait-il être un pays francophone indépendant? Justifiez votre réponse.

RENSEIGNEZ-VOUS!

A. Faites un topo sur les récents évènements politiques en Haïti. Comment expliquer la pauvreté de ce pays? Identifiez les figures politiques haïtiennes qui ont fait l'objet de reportage dans la presse internationale. Partagez vos résultats avec la classe.

B. Faites un topo sur les récents évènements politiques au Canada vis-à-vis du Québec. Partagez vos résultats avec la classe.

C. Qu'est-ce que l'Accord du Lac Meech? Quelle est son importance pour le Québec? Le reste du Canada? Les États-Unis?

D. Y a-t-il dans votre région des États-Unis des indices de la francophonie, ou d'autre patrimoine [*heritage*] linguistique? Cherchez-en les origines et appréciez sa valeur. Est-ce que cela justifie une politique éducative bilingue? Que pensez-vous de l'éducation bilingue?

SCÉNETTE 2

Que savez-vous déjà?

La ville en question a déjà été mentionnée. Pouvez-vous la repérer sur la carte? Pourquoi s'appellerait-elle ainsi? Faites-vous attention aux plaques commémoratives même si vous n'êtes pas touristes? Où iriez-vous pour vous renseigner sur les origines et l'histoire de la ville où vous habitez? Le circuit historique de cette ville canadienne intéresse une population diverse: pouvez-vous déjà préciser?

Lexique

Substantifs

les droits d'auteur   *royalties*
le manoir   *manor house*
le milieu   *environment*
le patrimoine   *heritage*
le plan   *city map*
le rallye   *rally (race)*
le sens   *meaning*

Verbes

allier   *to link*
s'attarder   *to linger*
frapper   *to strike*
se pointer   *to pause*
remonter   *to go back*

Adjectifs

dédié   *dedicated*
enrichissant   *enriching*

Autres expressions

à cet effet   *to that end*
à pied   *on foot*
cahier en main   *notebook in hand*
c'est fun   *it's fun (Quebecois anglicism)*
du vrai monde   *real people*
question-piège   *trick question*

DÉNOUEMENT

Compréhension

A. En une ou deux phrases, résumez l'essentiel de cette scénette.

_____

_____

_____

_____

_____

B. Trois individus sont interviewés et nous donnent des exemples précis de l'accent québecois. Il faut savoir que l'accent de Trois-Rivières est déjà différent de celui de Montréal, pourtant pas très loin, et de celui de Québec. Indiquez les caractéristiques des accents que vous entendez et faites le contraste en imitant les interlocuteurs et par la suite en prononçant à la parisienne. D'abord, pour chaque intervenant, écoutez plusieurs fois le début de leurs remarques, et remplissez les blancs avec les mots qui conviennent.

1. ***Madame Mariette Audelin, professeur***

D'abord ça a _____, eh, on a fait un retour de ce qu'on connaissait de

_____-Rivières. Ensuite on a pris les _____ préparés par la

commission scolaire à cet _____, et on a situé la _____, notre

région, dans le _____ et dans le _____. Ensuite on a

_____ le circuit du vieux _____-_____,

avec le _____ de la ville, et là on a fait, on a suivi l'ordre dans lequel on va faire le

_____. On ne part pas comme ça à l'aventure, dire «on verra ce qu'on verra.» Il faut tout

plannifier. Il faut que les _____ soient prêts. Il _____ qu'ils

sachent d'avance, parce que autrement ils ne _____ pas d'une façon aussi intéressante.

2. ***Monsieur Claude Toutant, conseiller pédagogique***

Le rallye _____ a été fait essentiellement pour amener l'enfant à mieux connaître sa

ville, se promener dans _____. Dans le fond, il _____ l'ancien et le

nouveau, parce que dans sa ville il y a de l'_____, il y a du _____.

Il touche à l'ancien, ce qui est une chose difficile à _____ avec un enfant, c'est-à-dire

_____ dans le temps avec un _____, c'est pas facile: il y a de la

difficulté de se situer dans le _____. Alors, de se promener dans sa ville et de voir, de

pouvoir toucher des _____, des maisons qui datent de deux-cents ans, de deux-cent

cinquante _____, et bien pour l'enfant c'est _____ et c'est une

façon pour lui de mieux comprendre son _____ de vie.

3. *Madame Thérèse Thibeault, parent d'élève*

J'ai appris beaucoup de _____. Des _____ qu'on ne se pose pas

normalement … Trois-_____, mais de cette _____-là, on

apprend des choses autant que les _____. C'est _____. Les

enfants sont intéressés aussi … Ils vont _____ des questions, ils

_____ rechercher sur les pancartes, sur les _____, ils vont

essayer de _____ par eux autres.

Vive la différence!

Quelles différences et quelles ressemblances culturelles avez-vous remarquées?

_____

_____

_____

Qu'en pensez-vous?

A. Avez-vous participé à une visite organisée et préparée d'un quartier de votre ville? Décrivez votre expérience. Quels souvenirs en gardez-vous?

B. Pourquoi faut-il encourager ce genre d'éducation, de faire de la ville son propre musée? Les organismes de préservation du patrimoine sont-ils suffisamment forts dans votre communauté? Estimez-vous que les vieux monuments et les vieilles maisons doivent être préservés ou faut-il tout abandonner au nom du progrès? Justifiez vos propos. Partagez des épisodes où une vieille maison a été démolie ou sauvée dans le conflit perpétuel entre l'ancien et le nouveau.

RENSEIGNEZ-VOUS!

A. Faites un topo sur une communauté que vous connaissez où la préservation du patrimoine est prioritaire.

B. Vous attendez des visiteurs d'un pays francophone et vous préparez un rallye historique de votre ville. Faites la liste des choses importantes à voir et à faire. Dressez un plan de visites. Partagez vos résultats avec vos camarades.

SCÉNETTE 3

Que savez-vous déjà?

Situez le Sénégal sur la carte de la francophonie dans l'appendice. Sa capitale, Dakar, est une des plus importantes villes d'Afrique. Sans aucun doute, un des personnages les plus importants de l'Afrique francophone est Léopold Sedar Senghor, né en 1906, le premier président de la république sénégalaise. Senghor s'est distingué à la fois comme homme politique et comme écrivain. Il est membre de l'Académie Française. C'est lui qui a défini le concept de la francophonie comme une communauté intellectuelle et spirituelle ayant le français pour langue officielle ou langue de travail, et non comme une manœuvre néo-colonialiste.

Parmi les nombreuses œuvres de Senghor, vous serez peut-être intéressé(e) par un beau poème intitulé «À New York, pour un orchestre de jazz: solo de trompette», tiré de son recueil *Éthiopiques*. Là, le poète, élevé dans la brousse [bush] sénégalaise, se réfugie à New York où, surpris par cette ville, il découvre Harlem et y voit des traces de son pays natal.

Dans cette scénette musicale, nous découvrons un coin de Sénégal où les moines de Keur Moussa jouent de leurs instruments à cordes et où les images d'une terre atteinte de sécheresse [drought-stricken], et d'enfants au visage couleur d'amour parlent une langue au-delà de la francophonie.

DÉNOUEMENT

Compréhension

A. En quelques phrases, résumez cette scénette. Comme il n'y a aucun dialogue, prenez chaque séquence, et dites ce qu'il s'y passe.

_____

_____

_____

_____

_____

_____

_____

_____

_____

_____

_____

B. Vive la différence!

Quelles différences et quelles ressemblances culturelles avez-vous remarquées?

_____

_____

_____

_____

_____

Qu'en pensez-vous?

A. Cette scène de la vie quotidienne en Afrique équatoriale correspond-elle à l'idée que vous vous faites de l'Afrique? Justifiez votre réponse.

B. Quelles impressions vous donnent les enfants?

C. Y a-t-il des indices du style de vie occidental? Lesquels?

D. Quel semble être le rapport entre les races?

E. Suite à cette scénette, aimeriez-vous voyager en Afrique? Dites pourquoi ou pourquoi pas.

RENSEIGNEZ-VOUS!

A. Faites un topo sur une ou plusieurs cultures africaines et partagez vos résultats avec la classe.

B. Cherchez des informations sur le monastère de Keur Moussa et préparez un topo que vous partagerez avec la classe.

C. Cherchez dans une anthologie les noms des grands auteurs africains francophones du vingtième siècle. Choisissez un auteur et un passage de son œuvre. Faites une présentation à la classe.

9 Workbook

The Subjunctive

A. The subjunctive after *vouloir*

Answer the following questions using <u>je veux que</u> plus the subjunctive according to the model.

MODEL: Voulez-vous que je sache la grammaire?

Bien sûr je veux que vous sachiez la grammaire!

1. Voulez-vous que je fasse la vaisselle?

   _____

2. Voulez-vous que je parle français?

   _____

3. Voulez-vous que j'apprenne l'argot?

   _____

4. Voulez-vous que je m'exprime bien?

   _____

5. Voulez-vous que je réussisse?

   _____

6. Voulez-vous que je m'amuse?

   _____

7. Voulez-vous que je sois sympathique?

   _____

8. Voulez-vous que j'aie beaucoup d'amis?

   _____

B. The subjunctive after expressions of emotion

Change the following sentences using the given phrase plus the subjunctive according to the model.

MODEL: Nous allons au cinéma. (Je suis heureux)

Je suis heureux que nous allions au cinéma.

1. Elle est à l'heure. (Je suis content)

_____

2. Il sait cet idiotisme. (Je suis étonné)

_____

3. Vous partez. (Je suis triste)

_____

4. Nous sortons ensemble. (Je suis ravi)

_____

5. Vous faites la cuisine. (Je suis heureux)

_____

6. Elle ne peut pas venir. (Je suis désolé)

_____

C. The past subjunctive after expressions of emotion

Respond to the following statements using the given phrase plus the past subjunctive according to the model.

MODEL: Ils ont dit des bêtises. (Je suis désolé)

Je suis désolé qu'il aient dit des bêtises.

1. Vous avez raté l'examen. (Je suis désolé)

_____

2. Elle a insulté le professeur! (Je suis surpris)

_____

3. Il est parti. (Je suis triste)

_____

4. Nous sommes allés au cinéma. (Je suis heureux)

_____

5. Elle est venue. (Je suis content)

_____

6. Elle m'a tutoyé!   (Je suis ravi)

_____

D. The subjunctive after _il faut que_

Answer the following questions using _il faut que_ according to the model.

MODEL: Est-ce que je dois parler français?

Oui, il faut que vous parliez français.

1. Est-ce que je dois répondre tout de suite?

_____

2. Est-ce que je dois être bilingue?

_____

3. Est-ce que je dois boire du lait?

_____

4. Est-ce que je dois lire ce livre?

_____

5. Est-ce que je dois me taire?

_____

6. Est-ce que je dois finir les exercices?

_____

E. The subjunctive after certain impersonal expressions

React to the following questions using the given phrase according to the model.

MODEL: Est-ce qu'ils ont dit la vérité?   (Il est douteux)

Il est douteux qu'ils aient dit la vérité.

1. Est-ce qu'il a lu le courrier du cœur?   (Il est possible)

_____

2. Est-ce qu'elles sont bilingues?   (Il est surprenant)

_____

3. Est-ce qu'elle regarde le télé?   (Il est rare)

_____

4. Est-ce qu'ils se sont disputés?   (C'est dommage)

_____

5. Est-ce qu'elle se sent dépaysée?   (Il est regrettable)

_____

6. Est-ce qu'elle a échoué à l'examen?   (Il est impossible)

_____

7. Est-ce qu'il a fait les mots croisés?   (Il est douteux)

_____

F. *The subjunctive after certain conjunctions*

Combine the following sentences using the given conjunction plus the present subjunctive according to the model.

MODEL: Je parlerai français. C'est difficile.   (bien que)

Je parlerai français bien que ce soit difficile.

1. Je parlerai français. Vous faites des progrès.   (pour que)

_____

2. Je parlerai français. Nous allons en Espagne.   (quoique)

_____

3. Je parlerai français. Vous le parlez aussi.   (pourvu que)

_____

4. Je parlerai français. Nous retournons à New York.   (avant que)

_____

5. Je parlerai français. Vous êtes impressionné.   (afin que)

_____

6. Je parlerai français. Je l'apprends.   (jusqu'à ce que)

_____

G. *The subjunctive after negative and interrogative verbs of thinking and believing*

Respond to the following statements using the given phrases plus the subjunctive according to the model.

MODEL: Il est millionnaire.   (Crois-tu vraiment)

Crois-tu vraiment qu'il soit millionnaire?

1. Il est fou.   (Je ne crois pas)

_____

2. Nous parlons trop fort.   (Je ne pense pas)

_____

3. Elle a flirté avec mon petit ami. (Penses-tu)

_____

4. Elle a de la classe. (Je ne crois pas)

_____

5. Elles sont bilingues. (Je ne crois pas)

_____

6. Nous avons impressionné le professeur. (Penses-tu vraiment)

_____

Lab Manual

Comprehension Exercise

A. Subjunctive

You will hear a series of questions, each followed by three answers. Circle the logical and correct answer.

1. a. Il faut qu'elle soit difficile à comprendre.

   b. Il faut qu'elle soit ennuyeuse.

   c. Il faut qu'elle soit amusante.

2. a. Il est content qu'il fasse beau.

   b. Il est ravi qu'elle ne le comprenne pas.

   c. Il craint qu'elle n'ait pas reçu son message.

3. a. Pour savoir quel temps il fera.

   b. Pour savoir qui est mort.

   c. Pour qu'il fasse beau.

4. a. Patricia, veux-tu bien que je m'asseye à côté de toi?

   b. Monsieur le professeur, est-ce que tu peux corriger mon exercice?

   c. Mon petit ami, n'es-tu pas un peu trop familier?

5. a. Parce qu'il a trop dansé hier soir.

   b. Parce qu'il a trop bu hier soir.

   c. Parce qu'il a trop mangé hier soir.

Dictée

B. Subjunctive

Listen to the complete <u>dictée</u>. Then write each sentence during the pauses. The complete <u>dictée</u> will be reread so that you can check your accuracy.

_____

_____

_____

_____

_____

Name: _____ Date: _____ Class: _____

_____

_____

_____

_____

_____

_____

_____

_____

DVD Manual

Épisode 14   *La communication*

ANTICIPATION

Avant de commencer

Nous avons vu dans l'épisode 12 sur les transports que la France investit lourdement pour permettre le mouvement efficace des personnes et des marchandises. T.G.V. et Concorde, Renault, Citroën et Peugeot, Métro et R.E.R., et Ariane sont autant de preuves d'une vaste technologie de pointe [*state-of-the-art*]. Reste à voir le transport des idées. Sous la rubrique de la communication, la France change de visage. Quels sont les secteurs majeurs de ce phénomène?

La presse garde son influence capitale. Les journaux et les magazines se concurrencient [*compete*] sur un vaste marché. Quotidiens, hebdomadaires, mensuels, les journaux français représentent l'éventail de l'opinion politique et économique. De groupes importants, notamment le groupe Hersant, contrôlent d'énormes investissements et touchent une population diversifiée. L'informatique [*computer science*] exerce une influence profonde sur le fonctionnement quotidien des hommes, des techniques, et des organismes. Le Minitel [*computerized phone book and data base*] est sans doute la manifestation la plus dramatique de l'informatique et de la télécommunication. Des millions de postes sont déjà installés dans les foyers français et permettent aux usagers de réaliser des transactions d'achat, de vente, de réservations, de renseignements, à partir de chez eux. Enfin, notons l'audiovisuel dont le paysage français est particulièrement dynamique. Ici, les chaînes de télévision publiques et privées, la radio, la diffusion hertzienne au satellite et au câble [*satellite dish or cable broadcasting*], préfigurent l'évolution de l'idée européenne.

À quoi doit-on un tel développement? La société française est foncièrement une société post-industrielle. Il faut d'abord comprendre que nous sommes passés d'une activité primaire, c'est-à-dire de la production d'éléments de première nécessité, soit agricoles, à une activité secondaire, c'est-à-dire les fruits de l'industrie. Nous sommes maintenant dans l'ère du tertiaire, c'est-à-dire une société fondée sur les services. Bientôt deux Français sur trois travailleront dans le tertiaire. On parle de Paris comme la capitale tertiaire de la France et des tours de la Défense [*suburban Paris high-rise buildings*] comme le cœur du tertiaire de Paris. On parle également de la féminisation de l'emploi liée à la tertiarisation, autrement dit, des professions n'exigeant pas de capacités physiques particulières, et susceptibles d'être exercées par des hommes ou des femmes. Les marchands se battent pou mieux acheminer [*deliver*] leurs services. A l'ère du tourisme, il s'agit également de «vendre la France».

Pour répondre à ces besoins, les jeunes cherchent à se former dans des universités qui sont mal adaptées aux nouvelles réalités. Paris III, Sorbonne Nouvelle, offre une filière [*academic major*] recherchée par de nombreux étudiants mais ne peut accueillir qu'un effectif [*enrollment*] limité. Les écoles de communication se multiplient en province. Certaines se distinguent, notamment à Nantes. Dans ce tohu-bohu [*hustle and bustle*], certaines formes classiques de communication survivent: la B.D. (bande dessinée) toujours côtée.

SCÉNETTE 1

Que savez-vous déjà?

Dans quel milieu sommes-nous? Les disciplines de communication ont-elles beaucoup d'inscrits dans votre établissement scolaire? Pourquoi? Identifiez les acteurs divers de cette scénette. Voyez-vous autant d'hommes que de femmes dans ce secteur? Quelles conclusions pouvez-vous tirer? Pour vous, quelles sont les diverses carrières possibles sous la rubrique de la communication?

Lexique

Substantifs

un effectif   *enrollment*
la filière   *academic major*
la formation   *training*
une intendance   *school administration*

Adjectifs

surchargé   *overcrowded*
doté   *endowed*

Verbes

lâcher   *to let go*
se régler   *to get resolved*

DÉNOUEMENT

Compréhension

A. En une ou deux phrases, résumez l'essentiel de cette scénette.

_____

_____

_____

_____

_____

B. Visionnez et écoutez attentivement et fournissez le mot qui manque.

1. Dans notre société tout est basé sur la _____.

2. Sept cents étudiants sont inscrits. Quatre cents n'ont pas de place. Les _____ sont surchargées.

3. Malgré ces chiffres, les étudiants n'ont pas envie de _____ les _____ de communication pour une raison d'_____.

4. L'administration universitaire n'a pas su s'adapter assez vite aux nouvelles réalités du monde, autrement dit, l'_____ n'a pas _____.

C. Selon ce reportage, quelles sont les trois options derrière le phénomène de la communication?

1. _____

2. _____

3. _____

Vive la différence!

Quelles différences et quelles ressemblances culturelles avez-vous remarquées?

_____

_____

_____

Qu'en pensez-vous?

A. Quelle preuve avez-vous que le tertiaire attire de plus en plus de monde? Souhaitez-vous entrer dans ce secteur professionnel? Pourquoi ou pourquoi pas?

B. À votre avis, quelle est la différence entre information et connaissance?

C. Est-il prudent de ne pas connaître l'informatique dans la vie active? Précisez.

D. Discutez de la devise initiale de cette scénette: «La communication externe et la communication interne forment un tout.»

RENSEIGNEZ-VOUS!

A. Révisez les données de cette scénette et adressez une lettre à un P.D.G. d'entreprise où vous mettrez en valeur une formation idéale pour entrer dans le tertiaire.

B. Identifiez les écoles de communication dans votre région. Quelle préparation faut-il pour y accéder? Quels cours et examens faut-il préparer pour recevoir son diplôme?

SCÉNETTE 2

Que savez-vous déjà?

Quel métier exercent ces deux individus? Ce genre d'expression est-il populaire chez vous? Quels sont les exemples les plus connus?

Lexique

Substantifs

la B.D. (bande dessinée)   *comic strip*
la cote   *popularity*
le dessin   *drawing*
la frange   *fringe*
la larme   *tear*
le malaise   *ill feeling*
le rire   *laughter*

Adjectifs

effacé   *self-effacing*

Verbes

s'attendre à   *to expect*
dessiner   *to draw*
se fier à   *to trust*
tenir à   *here: to be contingent on*

Autres expressions

encre de chine   *Indian ink*

DÉNOUEMENT

Compréhension

A. En une ou deux phrases, résumez l'essentiel de cette scénette.

_____

_____

_____

_____

_____

B. Appareillez les éléments de la liste A aux éléments de la liste B.

Liste A		Liste B	
1.	le prénom de Tronchet	a.	provocateur
2.	le prénom de Götting	b.	rire
3.	le style de Götting	c.	Jean-Claude
4.	le style de Tronchet	d.	triste
5.	l'opposé de larme	e.	se fait à l'encre de Chine
6.	le noir et blanc	f.	Didier

Vive la différence!

Quelles différences et quelles ressemblances culturelles avez-vous remarquées?

_____

_____

_____

_____

Qu'en pensez-vous?

A. Autour d'une table, apportez votre B.D. favorite et expliquez pourquoi elle vous touche.

B. En quoi la B.D. est-elle un moyen de communication efficace? En quoi ne l'est-elle pas?

C. Les B.D. peuvent être soit comiques soit tristes. Lesquelles préférez-vous? Pourquoi?

RENSEIGNEZ-VOUS!

A. Tâchez de trouvez un journal français qui contient des B.D. de Tronchet et Götting, ou celles d'un autre artiste, et indiquez dans quelle mesure elles correspondent aux traits que lui accorde cette scénette.

B. Identifiez une B.D. américaine et retracez son historique. Comment a-t-elle évolué? Comment est-elle restée la même?

C. Comparez et contrastez les B.D. françaises et américaines quant au style et au message communiqué.

10 **Workbook**

Possessives

A. *The possessive adjective*

Answer the following questions using <u>son</u>, <u>sa</u>, or <u>ses</u> according to the model.

MODEL: Avez-vous lu le bouquin de Jean?

Oui, j'ai lu son bouquin.

1. Admirez-vous le style de Flaubert?

   _____

2. Aimez-vous les poèmes de Rimbaud?

   _____

3. Êtes-vous d'accord avec l'interprétation de Robert?

   _____

4. Avez-vous critiqué les décors de ce metteur en scène?

   _____

5. Avez-vous lu la pièce de Beckett?

   _____

B. The definite article with parts of the body

Answer the following questions using the given phrase according to the model.

MODEL:　　Que faites-vous avec cette brosse à dents?　(se brosser les dents)

Je me brosse les dents, bien sûr!

1. Que faites-vous avec cette petite main en plastique?　(se gratter le dos)

   _____

2. Que faites-vous avec cet onglier?　(se couper les ongles)

   _____

3. Que faites-vous avec ce shampooing?　(se laver les cheveux)

   _____

4. Que faites-vous avec cette brosse?　(se brosser les cheveux)

   _____

5. Que faites-vous avec ce mouchoir?　(s'essuyer le front)

   _____

C. Possessive pronouns

Change the following questions using the possessive pronoun that corresponds to the possessive adjective according to the model.

MODEL:　　Où sont vos manuels?

Où sont les vôtres?

1. Où sont mes livres?

   _____

2. Où est notre salle de classe?

   _____

3. Où sont leurs photos?

   _____

4. Où est mon roman?

   _____

5. Où sont vos amis?

   _____

6. Où est sa petite amie?

   _____

D. The expression _être à_ indicating possession

Respond to the following statements using _être à_ according to the model.

MODEL: Ce livre ne vous appartient pas!

              Si, il est à moi!

1. Ces manuels ne vous appartiennent pas!

   _____

2. Cette voiture ne vous appartient pas!

   _____

3. Cet ouvrage ne vous appartient pas!

   _____

4. Ce stylo ne vous appartient pas!

   _____

5. Cet argent ne vous appartient pas!

   _____

6. Cette photo ne vous appartient pas!

   _____

E. The construction _noun_ + _de_ expressing possession

Answer the following questions using the name given according to the model.

MODEL: Quelles pièces préférez-vous? (Molière)

              Les pièces de Molière, je crois.

1. Quels films préférez-vous? (Truffaut)

   _____

2. Quels romans préférez-vous? (Zola)

   _____

3. Quelle photo préférez-vous? (Jacques)

   _____

4. Quelle profession préférez-vous? (Madeleine)

   _____

5. Quelle voiture préférez-vous? (Janine)

   _____

6. Quel manteau préférez-vous?   (ma sœur)

_____

F.   The expression _avoir mal à_ with parts of the body

_Respond to the following statements using _avoir mal à_ and the given word according to the model._

MODEL: Mon frère mange comme un cochon!   (l'estomac)

Il aura mal à l'estomac, c'est sûr.

1. Cet athlète court trop vite!   (les pieds)

_____

2. Cette actrice boit trop be bière!   (la tête)

_____

3. Cette enfant mange trop de sucre!   (les dents)

_____

4. Ce romancier lit trop le soir!   (les yeux)

_____

5. Ces dames mangent trop de petits gâteaux!   (l'estomac)

_____

6. Cette jeune fille est tombée dans la neige!   (le derrière)

_____

Prepositions

G.   Verbs followed by _à_ before an infinitive

Answer the following questions using the given verb according to the model.

MODEL: Est-ce que cet auteur scandalise le public?   (continuer)

Oui, il continue à scandaliser le public.

1. Est-ce que cette actrice est connue?   (commencer)

_____

2. Est-ce que cet auteur plaît au public?   (continuer)

_____

3. Est-ce que votre ami écrit de la poésie?   (apprendre)

_____

4. Est-ce que cet écrivain vend ses romans?   (réussir)

_____

5. Est-ce que cet étudiant comprend la pièce?   (arriver)

_____

6. Est-ce que Léon joue de la guitare?   (se mettre)

_____

H. Verbs followed by _de_ before an infinitive

Answer the following questions using the given verb according to the model.

MODEL: Est-ce que vous avez critiqué l'auteur?   (avoir peur)

J'ai eu peur de critiquer l'auteur.

1. Est-ce que vous avez sifflé?   (refuser)

_____

2. Est-ce que vous avez répété?   (oublier)

_____

3. Est-ce que vous êtes allé(e) au théâtre?   (décider)

_____

4. Est-ce que vous avez lu le roman?   (essayer)

_____

5. Est-ce que vous avez fumé des cigarettes?   (cesser)

_____

I. Verbs followed by _à_ + noun and _de_ + infinitive

Answer the following questions using the given words according to the model.

MODEL: À qui conseilles-tu de devenir acteur?   (à mon frère)

Je conseille à mon frère de devenir acteur.

1. À qui demande-tu de critiquer la pièce? (à Louise)

_____

2. À qui dis-tu de faire attention?   (à ma sœur)

_____

3. À qui téléphones-tu de venir?   (à Richard)

_____

4. À qui promets-tu d'étudier?   (au professeur)

_____

5. À qui conseilles-tu d'assister au spectacle?   (à ma meilleure amie)

_____

6. À qui défends-tu de partir?   (à mon enfant)

_____

J.   The verbs _jouer à_ and _jouer de_

Answer the following questions using the given word according to the models.

MODELS: À quoi les acteurs jouent-ils?   (les cartes)

Ils jouent aux cartes.

De quoi Georges joue-t-il?   (le piano)

Il joue du piano.

1. À quoi les Martin jouent-ils?   (le tennis)

_____

2. À quoi votre camarade de chambre joue-t-elle?   (le golf)

_____

3. De quoi votre sœur joue-t-elle?   (la guitare)

_____

4. De quoi votre frère joue-t-il?   (le violon)

_____

5. À quoi les enfants jouent-ils?   (le basket)

_____

6. De quoi Mlle Fontaine joue-t-elle?   (la clarinette)

_____

K.   The verb _manquer à_

Answer the following questions using _manquer à_ according to the model.

MODEL: Est-ce que votre petit ami vous manque?

Il me manque beaucoup!

1. Est-ce que Brigitte vous manque?

_____

2. Est-ce que vos parents vous manquent?

   _____

3. Est-ce que vos anciens amis vous manquent?

   _____

4. Est-ce que votre maison vous manque?

   _____

5. Est-ce que votre chat vous manque?

   _____

6. Est-ce que votre famille vous manque?

   _____

L. The verb penser à

Answer the following questions using penser à and the given words according to the model.

MODEL: Pourquoi avez-vous l'air si content?   (notre voyage demain)
         Parce que je pense à notre voyage demain.

1. Pourquoi avez-vous l'air si malheureux?   (mon frère malade)

   _____

2. Pourquoi avez-vous l'air si heureux?   (la soirée demain soir)

   _____

3. Pourquoi avez-vous l'air si triste?   (mes années perdues)

   _____

4. Pourquoi avez-vous l'air si sérieux?   (la prochaine représentation)

   _____

5. Pourquoi avez-vous l'air si nerveux?   (tous mes devoirs)

   _____

6. Pourquoi avez-vous l'air si heureux?   (ma petite amie)

   _____

Respond affirmatively to the following questions using the appropriate pronoun according to the model.

MODEL: Écoutez-vous vos parents?

Bien sûr je les écoute.

1. Attendez-vous le professeur?

   _____

2. Payez-vous l'addition?

   _____

3. Ressemblez-vous à vos parents?

   _____

4. Téléphonez-vous à vos amis?

   _____

5. Regardez-vous la télévision?

   _____

6. Cherchez-vous le bonheur?

   _____

7. Écoutez-vous les conseils de vos amis?

   _____

Lab Manual

Comprehension Exercises

A. Possessives

You will hear a series of question, each followed by three answers. Circle the logical and correct answer.

1. a.   Oui, ils sont à moi.

   b.   Oui, ils sont à eux.

   c.   Oui, ils sont à vous.

2. a.   Elle se brosse les dents.

   b.   Elle se coupe les ongles.

   c.   Elle se lave les cheveux.

3. a.   Parce que c'est mon frère.

   b.   Parce que c'est mon professeur.

   c.   Parce que c'est mon auteur favori.

Dictée

B. Possessive

Listen to the complete <u>dictée</u>. Then write each sentence during the pauses. The complete <u>dictée</u> will be reread so that you can check your accuracy.

_____

_____

_____

_____

_____

_____

_____

_____

_____

_____

_____

_____

_____

_____

Comprehension Exercise

C. *Prepositions*

You will hear a series of questions, each followed by three answers. Circle the logical and correct answer.

1. a. Oui, je suis et resterai un auteur dramatique.

   b. Oui, je ne lis que des romans policiers.

   c. Oui, je ne sais pas écrire.

2. a. À son père.

   b. À son amoureux.

   c. Au président.

3. a. Oui, je lui manque beaucoup.

   b. Oui, elle lui manque beaucoup.

   c. Oui, elle me manque beaucoup.

Dictée

D. *Prepositions*

Listen to the complete _dictée_. Then write each sentence during the pauses. The complete _dictée_ will be reread so that you can check your accuracy.

_____

_____

_____

_____

_____

_____

_____

Name: _____ Date: _____ Class: _____

_____

_____

_____

_____

_____

_____

_____

DVD Manual

Épisode 15   *Les beaux arts*

ANTICIPATION

Avant de commencer

La capitale française connaît depuis très longtemps la gloire des beaux arts. Les artistes du monde entier s'y sont formés ou réfugiés. Les œuvres les plus connues dotent ses nombreux musées. récemment le Musée Picasso, installé dans l'Hôtel Salé rénové, ainsi que le gigantesque Musée d'Orsay, occupant l'espace de l'ancienne Gare d'Orsay se sont joints à la longue liste des musées parisiens. On appelle également ce dernier le musée du XIXe siècle parce qu'il abrite les chefs-d'œuvre anciennement exposés au Musée du Jeu de Paume, de l'autre côté de la Seine. Certes, musée et Louvre sont pratiquement des mots synonymes. Or, le Louvre a d'abord été une résidence royale, et ce n'est que très récemment que le Ministère des Finances a quitté les lieux pour s'installer dans ses nouveaux locaux dans le quartier de Bercy, laissant un vaste espace à aménager [*convert*] pour augmenter sensiblement la surface du Louvre qui sera alors le plus grand musée du monde.

Chaque président de la République souhaite laisser sa marque sur Paris. François Mitterrand a fort bien réussi à cet égard. C'est lui qui donna son soutien à l'architecte sino-américain Ieoh Ming Pei dans sa conception de la pyramide en verre qui sert dorénavant [*henceforth*] d'entrée principale du Louvre. À l'occasion du Bicentenaire de la Révolution Française, François Mitterrand vit son projet de l'Opéra de la Bastille se réaliser. Pour son deuxième septennat, il a lancé le projet T.G.B., ou Très Grande Bibliothèque, qui doit transformer la vénérable Bibliothèque Nationale en une gigantesque vitrine des sciences de l'information.

Entretemps, les travaux se poursuivent au Louvre et doivent s'achever en 1995 avec la restauration de toute une aile [*wing*] du palais. C'est alors que le Grand Louvre doublera sa surface d'exposition. La Pyramide, elle, consiste d'une verrière tendue par des câbles d'acier [*steel*] et s'élève à plus de 21 mètres dans la Cour Napoléon. C'est donc une sorte de crypte par où des milliers de visiteurs gagnent accès au musée, ainsi qu'aux nombreux services satellites du musée. Ceux-ci comptent un auditorium, des salles de conférences, des commerces, des sanitaires, et notamment la plus grande librairie d'art du monde.

En cherchant à donner au Louvre un visage moderne, les ouvriers ont dû céder la place aux archéologues qui ont assuré des fouilles [*digs*] pour découvrir les restes d'un donjon construit au XIIe siècle et la muraille qui jadis protégeait Paris. Bien que la Pyramide est maintenant acceptée dans l'ensemble du Paris monumental, les détracteurs furent nombreux. Le Grand Louvre fait l'objet de la première scénette.

Paul Gauguin fait l'objet de la seconde. Une exposition des œuvres de ce peintre sans égal se produisit au Grand Palais où des milliers de visiteurs s'offrirent les plaisir d'admirer les toiles d'un grand génie. Les couleurs de Gauguin furent inspirées de son séjour aux Îles Marquises où il se retira loin de la société européenne. Jacques Brel, dont on entend la voix, passa ses derniers jours dans les mêmes îles.

SCÉNETTE 1

Que savez-vous déjà?

Vous avez sans doute entendu parler du musée du Louvre ainsi que de certaines de ses œuvres parmi les plus connues du monde de l'art. Quelles sont-elles? La Pyramide du Louvre a été contestée. Pourquoi, à votre avis? Consultez la carte de Paris et situez l'axe monumental dans lequel s'inscrit le Grand Louvre et sa Pyramide.

Lexique

Substantifs

un accrochage   *hanging (of pictures)*
le déménagement   *moving (furniture)*
la fouille   *dig (archeological)*
le guichet   *here: automatic ticket distributor*
le montage   *editing (video/film)*
la signalitique   *signs*

Adjectifs

aménagé   *planned*
condamné   *here: boarded up*
dégagé   *opened up*
digne   *worthy*
franchi   *crossed over*

Verbes

desservir   *to service*
régner   *to reign*
se repérer   *to situate oneself*
retrouver   *to reach*

Autres expressions

avant l'heure   *before schedule*
Diane chasseresse   *Diana the huntress*
en hélice   *spiraling*
libre cours   *free reign*
mettre en valeur   *to highlight*
niveau du sol   *ground level*
panneau lumineux   *sign in lights*
plaque tournante   *centerpiece*

DÉNOUEMENT

Compréhension

A. En une ou deux phrases, résumez l'essentiel de cette scénette.

_____

_____

_____

_____

_____

B. Le Grand Louvre, ce sont des chiffres record. Visionnez la première partie (avant de gagner le Louvre médiéval), écoutez attentivement et appareillez les phrases suivantes aux chiffres que vous voyez énumérés ci-dessous:

| 2 | 4 | 8 | 200 | 400 | 12 000 | 15 000 |

1. _____ Des commerces de luxe s'ouvriront dans les mois qui viennent.

2. _____ Des couloirs desservent tout le musée à partir de la Pyramide.

3. _____ En m², le hall de la Pyramide recouvre une vaste surface.

4. _____ L'auditorium prévoit de nombreuses places pour les spectateurs.

5. _____ Le Louvre raconte de longs siècles d'histoire dans ses salles.

6. _____ Les fouilles souterraines du Louvre ont duré des années.

7. _____ Une librairie stockera un nombre record de livres d'art.

C. Écoutez les explications de M. Alain Pasquier, inspecteur général des musées, sur la nouvelle galerie des statues. Fournissez les mots qui manquent.

Il y a parmi les _____ qui sont ici, certaines d'entre elles qui _____

sans doute parmi les plus anciennes _____ antiques parvenues en _____.

La Diane _____ que vous voyez au centre de la salle est _____

en France, en provenance d' _____ dès la fin du seizième _____.

D. Faites le même exercice avec le discours de M. Pierre Rosenberg, chef du département des peintres, mais qui parle nettement plus vite.

Nous voudrions beaucoup que le visiteur puisse se repérer dans cet immense _____.

C'est-à-dire qu'il est gigantesque et on s'y perd. Et pour se _____, il y a la

_____, c'est bien sûr, c'est indispensable. Mais il y a aussi les fenêtres. Et je crois que

les _____, elles sont _____ pour que le visiteur comprenne qu'il

est sur la rue de Rivoli, qu'il _____ sur la Cour Carrée, qu'il est sur la

_____, qu'il est sur la Seine.

Vive la différence!

Quelles différences et quelles ressemblances culturelles avez-vous remarquées?

_____

_____

_____

_____

Qu'en pensez-vous?

A. Que pensez-vous de la Pyramide du Louvre? Auriez-vous contesté ce choix? Peut-on marier le classique et le moderne? Quels exemples de ce «mariage» trouve-t-on dans votre ville?

B. Si vous étiez un élu notable, comment voudriez-vous marquer votre ville de façon concrète?

C. Estimez-vous que votre communauté consacre suffisamment de ressources aux beaux arts? Précisez.

D. L'entrée à tous les musées devrait être gratuite. Menez le débat.

RENSEIGNEZ-VOUS!

A. Repérez les panneaux signalitiques du Louvre et expliquez ce qu'ils signalent.

B. Histoire de l'art, histoire antique. Voici la transcription d'un commentaire en voix off. Faites des recherches dans une encyclopédie d'art et expliquez les allusions faites dans ce commentaire. Celles-ci sont en caractères gras.

Sur la gauche, la **Venus de Milo** a retrouvé sa vraie place et sa galerie. Elle était en transit depuis des années dans la Salle des **Caryatides**, une salle du rez-de-chaussée fermée jusqu'à ce jour, où voisinent **Aphrodite** et les **Trois Grâces**, belles Romaines imitées de l'art hellenistique qui semblent se moquer comme d'une guigne du Chant de **Silène** qui plus loin sacrifie à **Bacchus**.

C. Faites un topo sur le Musée du Louvre. Tracez son historique. Quelles œuvres célèbres, absentes de ce document vidéo, y trouve-t-on? Lesquelles souhaiteriez-vous voir ou revoir?

SCÉNETTE 2

Que savez-vous déjà?

«Tout le monde connaît Gauguin, ou croit le connaître» nous dit la voix off. Cette remarque s'applique-t-elle à vous? Tout le monde a entendu parler de Jacques Brel. Le reconnaissez-vous dans la musique de fond? Qu'est-ce qu'on peut dire sur la peinture de Gauguin et sur la musique de Brel? Pourquoi passe-t-on d'une vue sur un tableau à des images filmées aux îles du Pacifique? Qui est la dame qui nous adresse la parole? Relisez le premier paragraphe de «Avant de Commencer» à la page 109. Gauguin serait donc un peintre de quel siècle? Certaines des toiles n'ont jamais été exposées à Paris. D'où viennent-elles? Quelles sont vos impressions immédiates des tableaux de Gauguin? Vérifiez vos hypothèses à mesure que vous exploitez cette scénette.

Lexique

Substantifs

une absinthe	*absinthe (strong liquor)*
la Camargue	*Camarque (marshlands in southern France where the town of Arles is located)*
les Marquises	*islands in the South Pacific*

Verbes

advenir	*to take place*
apercevoir	*to notice*
étancher	*here: to quench*
fredonner	*to hum*
nuire à	*here: to distract from*
subir	*to experience*

Adjectifs

édenique	*Edenic, paradisiac*
idyllique	*idyllic*
maudit	*cursed*
méconnu	*unknown*

Autres expressions

Club Med	*Club Med (travel and leisure organization)*
U.R.S.S.	*U.S.S.R.*

DÉNOUEMENT

Compréhension

A. En une ou deux phrases, résumez l'essentiel de cette scénette.

_____

_____

_____

_____

B. Vrai ou faux? Cochez les réponses correctes.

	Vrai	Faux
1. Gauguin n'a jamais voyagé en Polynésie.	_____	_____
2. Les spécialistes prétendent qu'on connaît mal Gauguin.	_____	_____
3. Le côté «Club Med» de Gauguin a tendance à dominer.	_____	_____
4. Gauguin a subi beaucoup d'influences successives.	_____	_____
5. Gauguin a connu Van Gogh en Bretagne.	_____	_____
6. La plupart des toiles exposées viennent des Marquises.	_____	_____
7. Gauguin et Brel sont tous deux enterrés aux Îles Marquises.	_____	_____

Vive la différence!

Quelles différences et quelles ressemblances culturelles avez-vous remarquées?

_____

_____

_____

_____

Qu'en pensez-vous?

A. Gauguin vous fait-il rêver aussi? Dites pourquoi ou pourquoi pas.

B. Arrêtez-vous sur votre toile préférée parmi celles que vous voyez et dites en quoi elle vous plaît plus que les autres.

C. Que trouvez-vous de spécial dans le chant de Jacques Brel?

RENSEIGNEZ-VOUS!

A. Dans un livre d'art cherchez des informations sur la vie et l'œuvre de Paul Gauguin et faites un topo que vous partagerez avec vos camarades. Vous pourriez projeter des diapos [*slides*] de tableaux célèbres ou afficher un poster qui vous plaît.

B. Situez les Îles Marquises dans l'Océan Pacifique. Quelles associations ces sites évoquent-ils chez vous?

C. Essayez de vous procurer de la chanson de Jacques Brel qui accompagne cette scénette. Renseignez-vous sur la vie de Brel et expliquez pourquoi ce rapprochement. Vous pourriez distribuer la copie de la chanson et animer une classe de chant.

11 Workbook

The Passive Voice

A. The passive voice: _passé composé_

Answer the following questions using the _passé composé_ of the passive voice according to the model.

MODEL: Les bandes sont déjà préparées, n'est-ce pas?

          Elles ont été préparées il y a longtemps

1. Les paroles sont déjà enregistrées, n'est-ce pas?

_____

2. Le film est déjà tourné, n'est-ce pas?

_____

3. Le scénario est déjà écrit, n'est-ce pas?

_____

4. Les chansons sont déjà composées, n'est-ce pas?

_____

5. Le film est déjà doublé, n'est-ce pas?

_____

B. The passive voice: <u>future tense</u>

Answer the following questions using the <u>future tense</u> of the passive voice according to the model.

MODEL: Est-ce que le livre a été publié hier?

        Non, il sera publié demain.

1. Est-ce que les paroles ont été écrites hier?

   _____

2. Est-ce que le film a été tourné hier?

   _____

3. Est-ce que le magnétophone a été réparé hier?

   _____

4. Est-ce que les musiciens ont été payés hier?

   _____

5. Est-ce que le film a été doublé hier?

   _____

C. The use of <u>on</u> to avoid the passive

Answer the following questions using <u>on</u> plus the active voice instead of the passive voice according to the model.

MODEL: La pièce a été sifflée, n'est-ce pas?

        Oui, on l'a sifflée.

1. La voiture a été vendue, n'est-ce pas?

   _____

2. Le chanteur a été engagé, n'est-ce pas?

   _____

3. Le film a été applaudi, n'est-ce pas?

   _____

4. L'enfant a été puni, n'est-ce pas?

   _____

5. Les acteurs ont été payés, n'est-ce pas?

   _____

6. Les livres ont été publiés, n'est-ce pas?

   _____

D. *Changing the passive voice to the active voice*

Change the following sentences from the passive voice to the active voice according to the model.

MODEL: Ces disques ont été achetés par l'étudiant.

L'étudiant a acheté ces disques.

1. Sa musique a été admirée par tout le monde.

   _____

2. Ces chansons ont été composées par un poète.

   _____

3. Ce théâtre a été construit par un architecte célèbre.

   _____

4. Ces pièces ont été écrites par un amateur.

   _____

5. Cette chanson a été appréciée par le public.

   _____

6. Ce réalisateur a été attaqué par le public.

   _____

E. *Using a reflexive verb to express the English passive*

Answer the following questions using a negative reflexive verb according to the model.

MODEL: Peut-on voir ça?

Non, ça ne se voit pas.

1. Peut-on écrire ça?

   _____

2. Peut-on dire ça?

   _____

3. Peut-on vendre ça?

   _____

4. Peut-on faire ça?

   _____

5. Peut-on oublier ça?

   _____

6. Peut-on expliquer ça?

_____

Present Participle

F. _The present participle preceded by_ <u>en</u> _(to express simultaneity)_

Change the following sentences, using <u>en</u> _plus the present participle instead of_ <u>pendant que</u> _plus verb according to the model._

MODEL: Pendant qu'elle se promenait, elle a vu une vedette.

En se promenant, elle a vu une vedette.

1. Pendant qu'ils allaient à l'opéra, ils ont vu un crime!

_____

2. Pendant qu'il tournait le film, il est tombé malade.

_____

3. Pendant qu'elle passait l'examen, elle a eu une idée brillante.

_____

4. Pendant qu'elle déjeunait, elle a répondu aux questions.

_____

5. Pendant qu'elle chantait, elle a oublié les paroles!

_____

6. Pendant qu'ils allaient au cinéma, ils ont vu un accident.

_____

G. _The present participle preceded by_ <u>en</u> _(to express manner)_

Answer the following questions using <u>en</u> _plus the present participle according to the model._

MODEL: Comment devient-on bon chanteur?

En chantant, bien sûr.

1. Comment devient-on bon danseur?

_____

2. Comment devient-on bon étudiant?

_____

3. Comment devient-on bon écrivain?

_____

4. Comment devient-on bon travailleur?

_____

5. Comment devient-on bon voyageur?

_____

6. Comment devient-on bon compositeur?

_____

H. The present participle preceded by _en_ (for simultaneous actions)

Change the following sentences using _en_ plus the present participle according to the model.

MODEL: Il dînait et regardait la télé.

Il dînait en regardant la télé.

1. Elle mangeait et courait.

_____

2. Il faisait la vaisselle et regardait la télé.

_____

3. Il étudiait et écoutait la radio.

_____

4. Il jouait du piano et souriait.

_____

5. Elle déjeunait et parlait au téléphone.

_____

6. Elle s'habillait et chantait.

_____

I. The verb _passer_ with an expression of time

Answer the following questions using _passer_ and the given response according to the model.

MODEL: Est-ce que Véronique a étudié?   (deux heures)

Elle a passé deux heures à étudier.

1. Est-ce que Jérôme a bavardé au téléphone?   (une heure)

_____

2. Est-ce que les acteurs ont répété?   (deux heures)

_____

3. Est-ce que les touristes ont visité la cathédrale?   (trois heures)

_____

4. Est-ce que Marie-Chantal a fait la cuisine?   (une journée)

_____

5. Est-ce que le public a applaudi le pianiste?   (dix minutes)

_____

J. *The preposition __après__ + past infinitive*

Change the infinitive in parentheses to the past infinitive with __après__ according to the model.

MODEL: Ils sont allés au café.   (voir un film)

Ils sont allés au café après avoir vu un film.

1. Ils ont bu du thé.   (faire du ski)

_____

2. Elle s'est couchée.   (prendre une douche)

_____

3. Nous sommes rentrés.   (dîner)

_____

4. Elle est tombée malade.   (faire des courses)

_____

5. Il était nerveux.   (voir l'accident)

_____

6. Elle s'est lavé les mains.   (réparer sa voiture)

_____

K. *The preposition __sans__ followed by the infinitive*

Answer the following questions using __sans__ plus the infinitive according to the model.

MODEL: Fume-t-il quand il compose?

Non, il compose sans fumer.

1. Écoute-t-il la radio quand il étudie?

_____

2. Réfléchissent-ils quand ils parlent?

_____

3. Ferme-t-elle les yeux quand elle embrasse son petit ami?

_____

4. Rêve-t-il quand il fait ses devoirs?

_____

5. Regarde-t-elle la télévision quand elle travaille?

_____

6. Chante-t-il quand il danse?

_____

L. Verbs of perception followed by the infinitive

Answer the following questions using the <u>passé composé</u> of the given verb of perception according to the model.

MODEL: Comment savez-vous qu'il est sorti?   (voir)

Parce que je l'ai vu sortir.

1. Comment savez-vous qu'il a commis le crime?   (voir)

_____

2. Comment savez-vous qu'il est rentré tard?   (entendre)

_____

3. Comment savez-vous qu'il a joué de la guitare?   (regarder)

_____

4. Comment savez-vous qu'il a chanté hier soir?   (écouter)

_____

5. Comment savez-vous qu'il a flirté avec Agnès?   (voir)

_____

The Causative Construction

M. The simple causative construction

Answer the following questions using a causative construction according to the model.

MODEL: Réparez-vous vous-même la télévision?

Non, je la fais réparer.

1. Réparez-vous vous-même la voiture?

_____

2. Construisez-vous vous-même la maison?

_____

3. Lavez-vous vous-même les chemises?

_____

4. Écrivez-vous vous-même le scénario?

_____

5. Tournez-vous vous-même le film?

_____

N. The causative construction with a personal pronoun

Answer the following questions using the given verb according to the model.

MODEL: Qu'est-ce qu'une comédie vous fait faire?   (rire)

Elle me fait rire.

1. Qu'est-ce qu'un film d'épouvante vous fait faire?   (frissonner)

_____

2. Qu'est-ce qu'un film d'amour vous fait faire?   (rêver)

_____

3. Qu'est-ce qu'un film tragique vous fait faire?   (pleurer)

_____

4. Qu'est-ce qu'une comédie musicale vous fait faire?   (chanter)

_____

5. Qu'est-ce qu'un film de propagande vous fait faire?   (agir sans réfléchir)

_____

Lab Manual

Comprehension Exercise

A. Passive voice

You will hear a series of questions, each followed by three answers. Circle the logical and correct answer.

1. a.   Non, on ne parle pas français en Californie.

    b.   Oui, on parle français à Paris.

    c.   Oui, on parle français au Québec.

2. a.   en tournant des films

    b.   en allant au cinéma

    c.   en écrivant de la musique

3. a.   Elle les fait réfléchir.

    b.   Elle les fait danser.

    c.   Elle les fait courir.

Dictée

B. Passive and active voices

Listen to the complete <u>dictée</u>. Then write each sentence during the pauses. The complete <u>dictée</u> will be reread so that you can check your accuracy.

_____

_____

_____

_____

_____

_____

_____

_____

_____

_____

C. *Present participle*

You will hear a series of questions, each followed by three answers. Circle the logical and correct answer.

1. a. Oui, après avoir entendu la dernière note d'une chanson.

   b. Oui, après avoir vu un mauvais film.

   c. Oui, en voyant mourir la vedette.

2. a. un documentaire

   b. un film de science-fiction

   c. un western

3. a. Le film est sous-titré.

   b. Le réalisateur a écrit le scénario.

   c. Les acteurs jouent mal.

4. a. S'il doit passer un an sans faire marcher sa stéréo.

   b. S'il doit passer un an sans chanter le blues.

   c. S'il doit passer un an sans voir de films.

Dictée

D. *Present participle*

Listen to the complete <u>dictée</u>. Then write each sentence during the pauses. The complete <u>dictée</u> will be reread so that you can check your accuracy.

_____

_____

_____

_____

_____

_____

_____

_____

_____

_____

_____

DVD Manual

Épisode 16 *La télévision*

ANTICIPATION

Avant de commencer

La télévision française joue un rôle prépondérant dans le vie quotidienne. La majorité des foyers sont équipés d'un poste et les chaînes se multiplient. Il faut identifier deux secteurs, le public, en particulier Antenne 2 et FR 3 qui rivalisent le secteur privé, en particulier TF 1, actuellement la chaîne la plus suivie. Les émissions comptent les programmes d'informations, les productions françaises, de nombreux feuilletons doublés et importés des États-Unis, ainsi que la pub dont vous allez visionner sept exemples, la publicité étant un des volets [*facets*] majeurs de la communication moderne.

Longtemps interdite sur les ondes, la publicité se produit à la télévision depuis un décret gouvernemental qui date de 1968. À cette époque, une Régie française de publicité (R.F.P.) approuvait ou rejetait les pubs proposées par les agences. Depuis 1986, c'est la Commission nationale de la communication et des libertés (C.N.C.L.) qui constitue l'organe principal dans le domaine de la communication et accorde l'autorisation à toutes démarches publicitaires. Deux agences de publicité dominent le marché en France: Havas et Publicis.

Une pub de huit à trente secondes d'antenne représente l'effort collectif d'une centaine de professionnels. En voici les principaux:

1. L'annonceur, ou la firme qui veut promouvoir un produit, par exemple McDonald's.

2. L'agence, ou la firme qui formule le contenu et la méthode de distribution (Havas, Publicis, etc.)

3. Le département média d'une station de télévision

4. Le créatif et son équipe qui composent les scénarimage [*story-board*]

5. Le T.V. producteur, homme d'art et financier

6. Le producteur, responsable de l'organisation, gestion et qualité de la pub

7. Le réalisateur qui travaille avec une équipe de techniciens (par exemple un directeur de la photographie) et de comédiens, choisis sur *casting* pour les premiers rôles, seconds rôles, ou pour les figurations [*extras*]

8. Le directeur de post-production qui assure le montage [*editing*], la bande audio, et les multiples effets possibles au laboratoire.

La pub est donc un document cher à produire et à diffuser [*broadcast*]. C'est pourtant un art et une technique fort appréciés et les créatifs les plus habiles se font récompenser de grand prix (par exemple le Clio). On appelle le slogan d'une pub la «banane» [*advertising blurb*]. La pub communique un message insidieux [*subliminal*]. C'est ainsi que la pub fait souvent partie de notre expression commune. Elle peut ainsi servir de document d'exploitation linguistique, culturelle et technique. Dans les exemples qui suivent, vous pourrez non seulement mener le débat sur les questions proposées, mais également analyser les pubs selon les indications fournies ci-dessus.

Que savez-vous déjà?

Un des grands mérites de la pub, c'est que même sans comprendre le français vous savez déjà beaucoup. Comment expliquez-vous cette familiarité? Avez-vous du mal à identifier les promotions dans les segments qui suivent? Pouvez-vous déjà tirer certaines conclusions sur le consommateur français? Faites une liste provisoire et réviser votre hypothèse au cours de l'épisode 16. Pour vous aider à formuler votre hypothèse, on vous demande de remplir la grille qui paraît ci-dessous.

Nom du produit	catégorie de produit	les acteurs	la banane	la bande-son
Trèfle				
Le chatelain				
McDonald's				
O-Cedar				
Carolin				
Thomfax				
Solutricine				

SCÉNETTE 1 (Trèfle)

Lexique

Substantifs

le colchique   *autumn crocus (flower)*
le pré   *meadow*

Adjectif

inoubliable   *unforgettable*

Compréhension

En une ou deux phrases, résumez l'essentiel de cette scénette.

_____

_____

_____

_____

_____

Vive la différence!

Quelles différences et quelles ressemblances culturelles avez-vous remarquées?

_____

_____

_____

_____

_____

Qu'en pensez-vous?

A. Où se trouvent les personnages dans cette pub? Pourquoi?

B. Le trèfle est une plante associée à un certain rite? Lequel?

C. Connaissez-vous des pubs américaines qui font écho à cette pub? Expliquez.

D. Pourquoi insister sur la fraîcheur et le parfum?

SCÉNETTE 2 (Le châtelain)

Lexique

Substantifs		**Verbe**	
le châtelain	*squire*	recevoir	*to entertain*

Compréhension

En une ou deux phrases, résumez l'essentiel de cette scénette.

_____

_____

_____

_____

_____

Vive la différence!

Quelles différences et quelles ressemblances culturelles avez-vous remarquées?

_____

_____

_____

_____

_____

Qu'en pensez-vous?

A. Que sait-on du rapport fromage-vin?

B. Quel effet donne la musique de fond?

C. Appréciez-vous le camembert? Quels sont vos fromages préférés?

D. Que pensez-vous de l'emballage [*packaging*] de ce produit?

SCÉNETTE 3 (McDonald's)

Compréhension

En une ou deux phrases, résumez l'essentiel de cette scénette.

_____

_____

_____

_____

_____

Vive la différence!

Quelles différences et quelles ressemblances culturelles avez-vous remarquées?

_____

_____

_____

_____

_____

Qu'en pensez-vous?

A. Commentez et justifiez l'expression «chez McDonald's».

B. Le jeune cadre [*young executive*] raconte ses exploits amoureux à ses camarades après le déjeuner. Essayez de reconstituer le script en appréciant les temps du passé.

C. Cette histoire est une «affabulation» [*fabrication*]. Expliquez.

D. Quel est le sens du dicton «on ne peut pas toujours vivre d'amour et d'eau fraîche»?

E. Que faut-il conclure du slogan final: «ça se passe comme ça chez McDonald's»?

F. Cette pub vend-elle vraiment un hamburger ou autre chose? Expliquez.

SCÉNETTE 4 (O-Cedar)

Lexique

Substantifs   **Verbe**

le chiffon   *dustcloth*   briller   *to shine*
la poussière   *dust*

Compréhension

En une ou deux phrases, résumez l'essentiel de cette scénette.

_____

_____

_____

_____

_____

Vive la différence!

Quelles différences et quelles ressemblances culturelles avez-vous remarquées?

_____

_____

_____

_____

_____

Qu'en pensez-vous?

A. Pouvez-vous identifier cette chanson? D'où vient-elle?

B. Connaissez-vous des pubs qui font allusion à des films? Dressez une liste.

SCÉNETTE 5 (Carolin)

Lexique

Substantifs

le câlin   *pat (as in carress)*
le carrelage   *tile*
le nettoyant   *cleaning solution*

Verbe

nettoyer   *to clean*

Autre expression

huile de lin   *linseed oil*

Compréhension

En une ou deux phrases, résumez l'essentiel de cette scénette.

_____

_____

_____

_____

_____

Vive la différence!

Quelles différences et quelles ressemblances culturelles avez-vous remarquées?

_____

_____

_____

_____

_____

Qu'en pensez-vous?

A. Dites ce que fait la chienne.

B. Pourquoi est-elle obligée de travailler?

C. La musique de fond est la «Valse minute» de Frédéric Chopin. Justifiez ce choix musical.

D. Qu'une chienne puisse se servir de Carolin nous indique quelque chose. Expliquez.

SCÉNETTE 6 (Thomfax)

Lexique

Substantifs		**Verbe**	
la convoitise	*coveting*	susciter	*to trigger*
la haine	*hatred*		
le télécopieur	*fax machine*		

Compréhension

En une ou deux phrases, résumez l'essentiel de cette scénette.

_____

_____

_____

_____

_____

Vive la différence!

Quelles différences et quelles ressemblances culturelles avez-vous remarquées?

_____

_____

_____

_____

_____

Qu'en pensez-vous?

A. Décrivez le bureau de cet homme.

B. La voix féminine nous dit que Thomfax «suscite l'admiration, la convoitise, la haine». Est-ce le moyen usuel de vendre un produit?

C. Expliquez le slogan final: «le plus beau c'est qu'il n'est pas seulement beau».

SCÉNETTE 7 (Solutricine)

Lexique

Substantif

un anti maux de gorge   *a sore-throat tablet (from: avoir mal à la gorge)*

Compréhension

En une ou deux phrases, résumez l'essentiel de cette scénette.

_____

_____

_____

_____

_____

Vive la différence!

Quelles différences et quelles ressemblances culturelles avez-vous remarquées?

_____

_____

_____

_____

_____

Qu'en pensez-vous?

A. Décrivez et expliquez l'allusion que cette pub fait à la chanson.

B. Identifiez le chanteur évoqué dans cette pub.

C. Identifiez et décrivez la ville à l'arrière-plan.

D. Spéculez sur les sens possibles de la banane: «un anti maux de gorge qui a deux bons côtés.»

RENSEIGNEZ-VOUS!

A. Faites un topo sur le domaine de la publicité et ses divers secteurs. Est-ce une carrière qui vous intéresserait? Quelle formation faut-il avoir pour y accéder? Quels sont les avantages et les inconvénients de ce métier?

B. Discutez le rôle du comique dans les pubs. Quels produits se prêtent au comique et lesquels ne s'y prêtent pas? Expliquez.

C. Appuyez-vous sur le contenu de cet épisode et créez une pub radiophonique adressée à un public-cible [*target audience*] francophone. Choisissez un produit parmi les catégories proposées dans les scénettes, ou un autre produit de votre préférence. Efforcez-vous par le comique ou le sérieux de convaincre un client de la valeur de votre produit.

DVD Manual

Épisode 17 *La chanson française*

ANTICIPATION

Avant de commencer

On cite souvent la constatation finale de Beaumarchais dans Le Mariage de Figaro, où il prétend que «tout finit par des chansons». C'est certes le cas de ce manuel et son document vidéo. Or, la chanson a profondément marqué la culture française pendant tout le vingtième siècle qui touche bientôt à sa fin. Face à ce vaste panorama, quels termes et quels noms faut-il dégager [*highlight*]?

Au début du siècle le café-concert (caf'conc') était un lieu où les chanteurs rivalisaient la bonne chère, le bon vin et la galante compagnie d'une clientèle folâtre [*frolicking*]. Bientôt, c'est le music-hall, terme anglais auquel la France a généreusement contribué. Jusqu'en 1930, c'est l'âge d'or du music-hall dont le plus célèbre est sans doute l'Olympia. Celui-ci demeure encore le lieu d'experimentation pour les nouveaux artistes et un lieu de pélerinage [*pilgrimage*] pour les anciens. De cette génération, il faut surtout évoquer les noms de Maurice Chevalier, de Mistinguett, et de l'Américaine expatriée, Joséphine Baker. Il faut aussi ajouter la légendaire Edith Piaf, l'archétype de la chanteuse de la rue. Le cinéma, la radio, et les disques et leurs trucages [*special effects*] font que le show-business lance un coup mortel au music-hall. Certains artistes se produisent pourtant dans les salles, le plus connu étant Charles Trenet, alias le «fou chantant» qui à l'âge de 75 ans inaugura, à guichet fermé [*full house*], le théâtre du Châtelet rénové.

Entre 1948 et 1960, les grandes vedettes se nomment Charles Aznavour, Guy Béart, Gilbert Bécaud, Georges Brassens, Jacques Brel, Léo Ferré, Yves Montand, Annie Cordy, Juliette Gréco, Dalida, et Jean Ferrat. Les groupes célèbres: les Frères Jacques et les Compagnons de la chanson. Ces artistes ont laissé un véritable patrimoine musical. Les seuls survivants de la génération yéyé [*Beatles generation*] sont Johnny Hallyday, Sylvie Vartan, et Eddy Mitchell. Une autre file se distingue après 1965, parmi qui on se souvient surtout de Barbara, Nougaro, et Serge Lama. Les noms associés à mai 68 comptent Julien Clerc et Maxime Le Forestier. Le rock français compte ses nombreuses stars.

Notons quelques termes-clés: un paroliste écrit les paroles d'une chanson. Un interprète [*performer*] la chante. Un compositeur est responsable de la partition musicale [*musical score*]. Un instrumentiste accompagne le chanteur/la chanteuse.

Trois chanteurs interprètent leur tube (succès) de dernières années dans votre vidéo. Jill Caplan, une jeune chanteuse de jazz interprète «Comme sur une balançoire.» Pierre Perret, un des plus renommé personnage de la chanson française, connu pour ses engagements antiracistes, interprète «Le chant du riz pilé». Enfin, Maurane, artiste belge, nous propose sa version d'une chanson interprétée en 1979 par la Canadienne Fabienne Thibeault qui elle-même se distingua dans le rôle principal de *Starmania*, récemment à l'affiche à Paris: «Les uns contre les autres.»

Que savez-vous déjà?

Pouvez-vous classer ces trois chansons dans des catégories distinctes? Laquelle est plus facile à fredonner [*hum*]? Les paroles d'une chanson étant difficiles à déchiffrer même pour un francophone expérimenté, comment la vidéo vous aide-t-elle à saisir le sens des paroles? Spéculez sur ces paroles et vérifiez votre hypothèse à la suite de chaque scénette.

SCÉNETTE 1 (Comme sur une balançoire)

Compréhension

A. En une ou deux phrases, résumez l'essentiel de cette scénette.

_____

_____

_____

_____

_____

Vive la différence!

Quelles différences et quelles ressemblances culturelles avez-vous remarquées?

_____

_____

_____

_____

_____

On vous propose un couplet et un refrain pour que vous puissiez chanter vous-même:

> Tu ne connais rien de moi
> Je n'en sais pas plus de toi
> Et tous ces mystères entre nous
> Chacun de notre côté
> On cherche à se sauver
> C'est tout distance entre nous
> Lasse, lasse, je retourne
> Dans mon monde à moi
> Dans ce rêve où je retourne
> Le temps n'existe pas
> Comme sur une balançoire *[see-saw]*

Qu'en pensez-vous?

A. Expliquez les images cinématographiques qui paraissent dans ce clip.

B. Comment la balançoire sert-elle de métaphore dans le contexte de ce clip?

C. Faites le contraste du monde de l'enfant et de l'adulte.

SCÉNETTE 2 (Le chant du riz pilé)

Compréhension

A. En une ou deux phrases, résumez l'essentiel de cette scénette.

_____

_____

_____

_____

_____

Vive la différence!

Quelles différences et quelles ressemblances culturelles avez-vous remarquées?

_____

_____

_____

_____

_____

On vous propose un couplet et un refrain pour que vous puissiez chanter vous-même:

> Elle pile *[pounds]* le riz près des blocs de béton *[concrete]*
> De la cotonnerie *[cotton factory]* où il n'y pas de coton
> C'est aux messieurs blancs qui soulagent *[relieve]* la misère
> En tirant l'éléphant dans leurs hélicoptères
> C'est le chant du riz pilé *[pounded]*, riz pilé, riz pilé
> C'est le chant du riz pilé, riz pilé, riz pilé

Qu'en pensez-vous?

A. Appréciez-vous le ton satirique de Pierre Perret? Comment se manifeste-t-il?

B. Quel sous-texte économique et politique peut-on dégager des paroles et de la musique de Pierre Perret?

C. Peut-on se faire un image de la femme en Afrique en visionnant ce clip? Cette image est-elle réaliste ou stéréotypée?

D. Commentez l'accompagnement instrumental de cette chanson. Quelle humeur évoque-t-il?

SCÉNETTE 3 (Les uns contre les autres)

Compréhension

A. En une ou deux phrases, résumez l'essentiel de cette scénette.

_____

_____

_____

_____

_____

Vive la différence!

Quelles différences et quelles ressemblances culturelles avez-vous remarquées?

_____

_____

_____

_____

_____

On vous propose les paroles pour que vous puissiez chanter vous-même:

On dort les uns contre les autres.   On danse les uns contre les autres.
On vit les uns avec les autres.   On court les uns après les autres.
On se caresse, on se cajole,   On se déteste, on se déchire,
On se comprend, on se console.   On se détruit, on se désire.
Mais au bout du compte *[but in the end]*   Mais au bout du compte
On se rend compte   On se rend compte
Qu'on est toujours tout seul au monde.   Qu'on est toujours tout seul au monde.

Qu'en pensez-vous?

A. Comment le titre de la chanson résonne-t-il avec tous les verbes pronominaux?

B. Comment peut-on articuler le paradoxe de ce clip?

C. En quoi les images sont-elles indicatives de ce paradoxe?

D. Y a-t-il un brin d'espoir dans le lyrisme de Maurane? Discutez.

RENSEIGNEZ-VOUS!

A. Discuter le phénomène du vidéo-clip. En quoi a-t-il changé notre opinion de la musique et des interprètes? Quelles différences voyez-vous entre un concert en direct et un concert enregistré? Qu'est-ce que vous préférez? Expliquez.

B. Connaissez-vous d'autres chanteurs français? Choisissez un(e) interprète et une chanson qui vous ont particulièrement touché(e). Passez le disque ou la cassette pour vos camarades. Fournissez-leur les paroles. Appréciez le langage et . . . pourquoi pas finir en chantant?

Appendice

Régions françaises

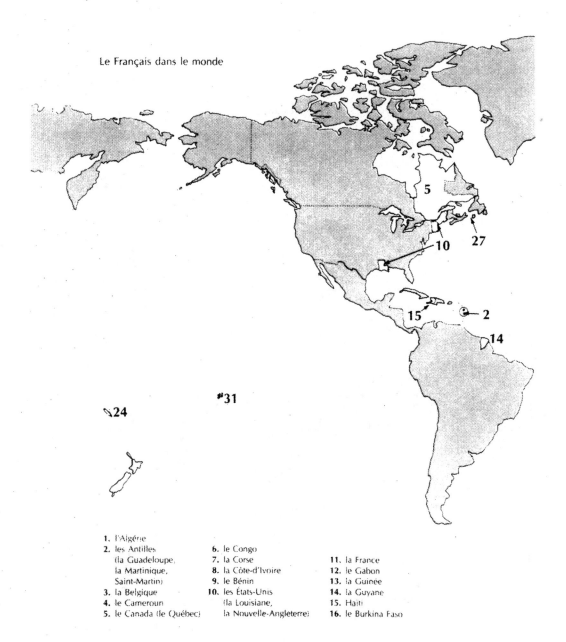

Le Français dans le monde

1. l'Algérie
2. les Antilles
   (la Guadeloupe,
   la Martinique,
   Saint-Martin)
3. la Belgique
4. le Cameroun
5. le Canada (le Québec)

6. le Congo
7. la Corse
8. la Côte-d'Ivoire
9. le Bénin
10. les États-Unis
    (la Louisiane,
    la Nouvelle-Angleterre)

11. la France
12. le Gabon
13. la Guinée
14. la Guyane
15. Haïti
16. le Burkina Faso

17. l'Indochine
    (le Cambodge,
    le Laos,
    le Viêt-Nam)
18. le Luxembourg
19. Madagascar
20. le Mali
21. le Maroc

22. la Mauritanie
23. le Niger
24. la Nouvelle-Calédonie
25. la République Centratricaine
26. la Réunion
27. Saint-Pierre-et-Miquelon
28. le Sénégal

29. Djibouti
30. la Suisse
31. Tahiti
32. le Tchad
33. le Togo
34. la Tunisie
35. le Zaïre

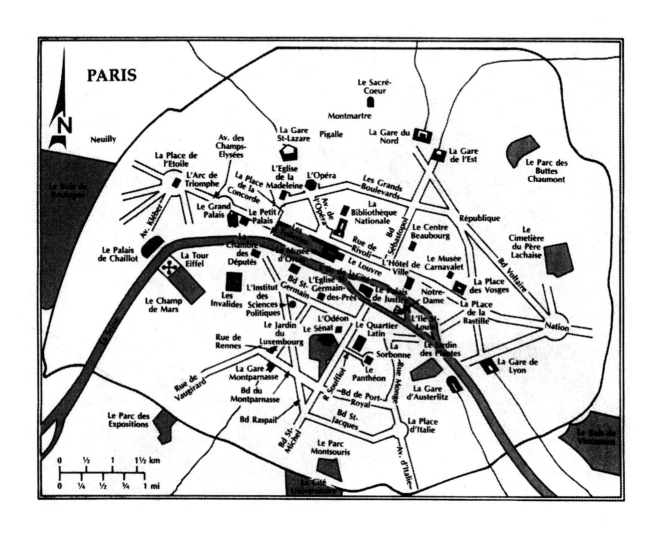

PARIS

Neuilly

Le Sacré-Coeur

Montmartre

Pigalle

La Gare St-Lazare

La Gare du Nord

La Gare de l'Est

Le Parc des Buttes Chaumont

Le Bois de Boulogne

La Place de l'Etoile

Av. des Champs-Elysées

L'Eglise de la Madeleine

L'Opéra

Les Grands Boulevards

République

L'Arc de Triomphe

La Place de la Concorde

La Bibliothèque Nationale

Le Cimetière du Père Lachaise

Av. Kléber

Le Grand Palais

Le Petit Palais

Av. de l'Opéra

Le Centre Beaubourg

Le Palais de Chaillot

La Chambre des Députés

Rue de Rivoli

L'Hôtel de Ville

Le Musée Carnavalet

La Place des Vosges

Bd Voltaire

La Tour Eiffel

Musée d'Orsay

Le Louvre

La Cité

Notre-Dame

La Place de la Bastille

Le Champ de Mars

Les Invalides

L'Institut des Sciences Politiques

Bd St-Germain

L'Eglise St-Germain-des-Prés

Le Palais de Justice

L'Ile St-Louis

Nation

Rue de Rennes

Le Jardin du Luxembourg

L'Odéon

Le Sénat

Le Quartier Latin

Le Jardin des Plantes

La Gare de Lyon

La Sorbonne

R. Soufflot

Le Panthéon

Rue Monge

La Gare d'Austerlitz

Rue de Vaugirard

La Gare Montparnasse

Bd du Montparnasse

Bd de Port-Royal

Bd St-Jacques

La Place d'Italie

Le Parc des Expositions

Bd Raspail

Bd St-Michel

Le Parc Montsouris

Av. d'Italie

Le Bois de Vincennes

La Cité Universitaire

0 ½ 1 1½ km

0 ¼ ½ ¾ 1 mi

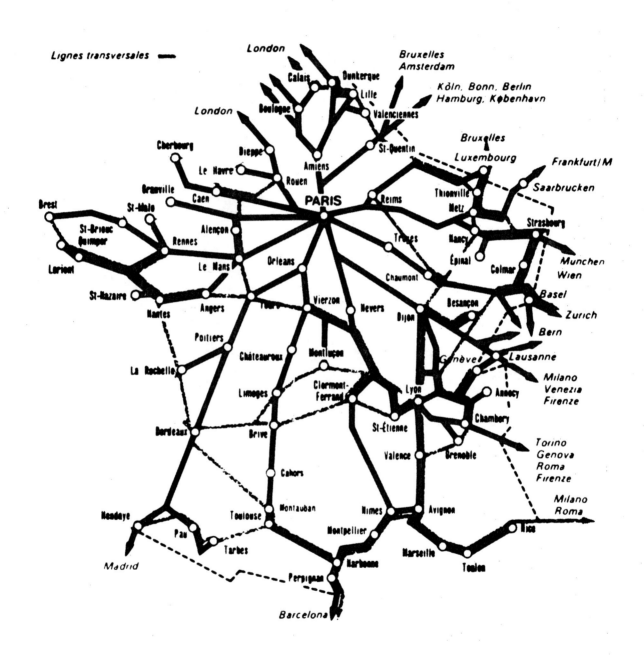

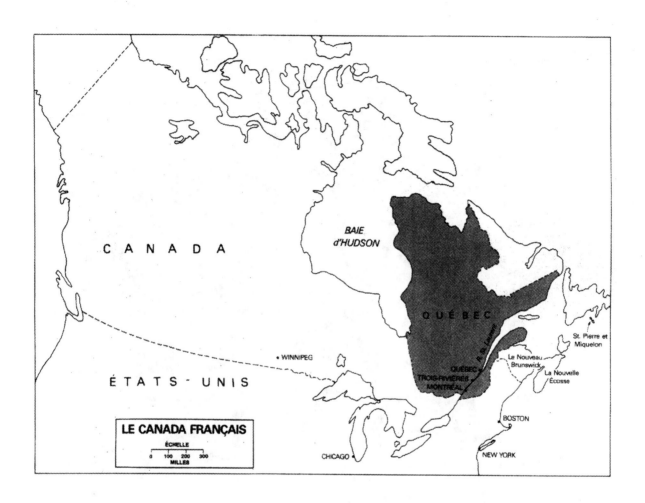

LE CANADA FRANÇAIS

ÉCHELLE

0   100   200   300
MILLES

Lab Manual and
DVD Manual Answer Key

Chapter 1

Comprehension Exercise

A. Vowel and consonant sounds

1. Est-ce que votre camarade de chambre fait souvent la grasse matinée?   réponse: b
2. Phillippe va-t-il voir sa petite amie ce soir?   réponse: c
3. Pourquoi adorez-vous le cours de français?   réponse: a
4. Aimez-vous les sports d'hiver?   réponse: a
5. As-tu raté ton examen de mathématiques?   réponse: c
6. Est-ce que ton petit ami habite dans une résidence à l'université?   réponse: a

Dictée

B. Vowel and Consonant Sounds

Bonjour! Vous êtes un étudiant ou une étudiante de français, n'est-ce pas? Il est évident que vous voulez apprendre à parler français. Mais n'oubliez pas qu'il faut bien s'amuser aussi. Ne négligez pas de sortir avec des amis et d'aller au théâtre peut-être. Aptrès une soirée agréable avec des amis vous pouvez retourner avec plaisir à votre travail intellectuel.

EPISODE 1
SCÉNETTE 1
DÉNOUEMENT

Compréhension

A. La Cité universitaire permet aux étudiants de vivre une vie confortable et privilégiée tout en complétant leurs études au cœur même de Paris. Car elle a tout le nécessaire: un quartier presque en elle-même, elle offre des agréments et aménagements urbains et paysagers qui répondent aux besoins et loisirs de ses habitants.

B.

1. c	3. c
2. b	4. b

C.

70%, 120, 30%, 5500, 40, 37, 5000, une poste, une banque, un théâtre, un cinéma, une salle de concerts, une bibliothèque, 40000

Vive la différence!

(Les réponses vont varier)   Il existe dans les deux cultures cette même structure de résidence universitaire qui permet aux élèves d'y vivre, d'y étudier, et de s'amuser.   Nous pouvons voir certainement des étudiants lire à l'extérieur, dans la nature aménagée sur le campus, d'autres étudier à la bibliothèque, d'autres encore bénéficier des loisirs aménagés pour eux.   Cette Cité universitaire au campus paysagé à l'américaine héberge des élèves de deuxième cycle.   Alors que bien des étudiants américains préféreraient avoir leur propre appartement, les étudiants français semblent mieux aimer la vie à la Cité U, qui leur permet de côtoyer plus de gens quotidiennement.

Qu'en pensez-vous ?

A.   Les réponses vont varier.

B.   (Les réponses vont varier.)   Il semble que, selon cette scénette, la vie estudiantine est privilégiée.   Car, au lieu des bâtiments urbains, les résidents de la Cité U ont à portée de main, tout ce dont ils ont besoin pour leur éducation (bibliothèque, lieux d'études), une belle nature au cœur de la ville, des amusements et accès à la culture créés juste pour eux (salle de concerts, théâtre, cinéma), et leurs affaires (banque, poste), et ne sont pas très loin de l'école.

C.   (Les réponses vont varier.)   Les résidents peuvent pratiquer le tennis, le jogging.   Il faudrait aussi avoir des salles de sport pour le ping-pong, ou autres sports qui peuvent être pratiqués à l'intérieur, une piscine.

RENSEIGNEZ-VOUS !

A.   Nous ne sommes pas loin du Quartier Latin, qui se trouve à 15 minutes environ à pied, en remontant le Boulevard Saint-Michel.

B.   Les réponses vont varier.

SCÉNETTE 2

DÉNOUEMENT

Compréhension

A.   Plusieurs étudiants québécois discutent de la vie académique qui implique non seulement les cours, mais encore la vie sociale.   Un élève, en particuliers, aimerait avoir une pédagogie expérientielle dans laquelle les élèves participeraient activement à leur propre éducation au lieu seulement d'endurer une pédagogie magistrale.

B.   La vie étudiant(e), bien sû(r), oui, très heureux d'avoir repris la vie étudiant(e), parce qu'on sait que… c'est plus qu'une vie pédagogique.   C'est une vie sociale où on a des amis, où on apprend beaucoup… Voyez-vous, la vie sociale et la vie pédagogique sont carrément séparées.   C'est pour ça que c'est pas tout le mon(de) qui peut participer.   Parce que 'y en a qui ont drôlement beaucoup plus de temps que d'aut(r)es.   A(l)ors, nécessairement, ce que je trouve déplorable, ce que je voudrais exprimer, c'est que je rêve d'une **éducation** où on pourra, à travers les cou(rs) au niveau pédagogique, vivre certaines expériences sociales.   C'est-(à)-dire que dans les cou(rs), on a une pédagogie axée sur une dimension socio-culturelle, et non seulement une dimension en mathématiques sur les mathématiques, en français sur le français, et, comme ça dans toutes les autres matiè(r)es.   Ça serait bon, selon moi, d'avoir une pédagogie plus lib(r)e pour que les étudiants puissent se réaliser et construi(re) à travers la péda-gogie, non seulement subi(r). Parce que les gens ont des cou(rs) pour construi(re), c'est dans les activités sociales. Bien sû(r), il y a quelques étudiants qui participent, mais c'est pas tout le mon(de). C'est ça que je trouve déplorable, parce que tout le mon(de), au niveau de l'éducation, on apprend dans la mesure où on constru-it, pas dans la mesure où on subit, d'après moi.

Diphtongaison des voyelles nasales : **bon**, app**ren**d, m**on**de

Nasalisation de la lettre D après une nasale : mon**de**,

Centralisation de /i/ : **li**bre

(consonne) = élisions

Vive la différence !

(Les réponses vont varier) La grande différence que nous avons dans cette scénette, c'est dans sa qualité de différence entre la langue française québécoise, et du français dit parisien. La prononciation québécoise des voyelles est bien dif-férente de celle du français parisien. (Par exemple, nous avons une diphtongaison des voyelles nasales (m**on**de) et une fermeture et antériorisation de voyelles nasales (app**ren**d), une assibilation des lettres /t/ et /d/ qui se prononcent donc /tz/ et /dz/.) La prononciation diffère en anglais, selon le pays anglophone, mais encore selon la région. La vie étudi-ante, selon ces étudiants, tout comme nous le voyons aux Etats-Unis, représente un mélange de la vie académique et sociale. La vie sociale et les activités parascolaires exigent autant de temps de ces étudiants que leur vie scolaire. Et certains étudiants consacrent même beaucoup plus de temps aux activités parascolaires qu'au travail scolaire même.

Qu'en pensez-vous ?

(Les réponses vont varier.) Subir signifie « endurer, supporter, passer de gré ou de force, sous ce qui est prescrit, infligé » alors que construire veut dire « bâtir, fonder, établir, créer quelque chose qui a une structure ». « Construire une éducation » permet aux étudiants de jouer un rôle plus actif dans leur propre éducation. C'est-à-dire, ils pourraient participer à la création d'un programme qui serait plus complet et adapté à leurs besoins académiques, sociaux, et pro-fessionnels. « Subir » une éducation semble plus négatif puisque l'étudiant n'a pas de voix quant à l'élaboration du programme de sa propre formation académique et en fin de compte, professionnelle.

RENSEIGNEZ-VOUS

Les informations à fournir doivent être le résultat des recherches personnelles des élèves et sont à partager avec les autres.

RENSEIGNEZ-VOUS

A. Il existe au Canada, des conflits et problèmes linguistiques liés à la démographie de la population anglophone et francophone. En effet, chacun de ces deux groupes est à la fois une minorité et une majorité, selon leur lieu géo-graphique et politique. Généralement, une politique linguistique a pour but de protéger la langue d'une minorité, et plus rarement, d'une majorité. La politique linguistique du Québec avait pour but de protéger les Québécois qui, depuis 1960, vivaient plusieurs réalités plutôt inquiétantes : quoiqu'ils formaient la majorité, les francopho-nes se trouvaient à une échelle économique inférieure à celle des anglophones, mais aussi des immigrants. Par ailleurs, ces immigrants envoyaient leurs enfants à des écoles anglophones, ce qui pourrait, à long terme, dimin-uer, voire même, faire disparaître leur situation majoritaire. La charte de la langue française, plus connue sous le nom de la loi 101, rehausse presque exclusivement la valeur de la langue française dans trois domaines princi-paux : les institutions publiques provinciales, la vie économique et l'éducation, tout en limitant les droits des anglophones. L'accès aux écoles anglophones a donc été limité à la minorité anglophone.

B. Les réponses vont varier (travail de recherches des étudiants)

SCÉNETTE 3

DÉNOUEMENT

Compréhension

A. Une mère de famille aristocratique, Madame d'Aligny, assure l'éducation de ses six enfants à la maison, avec succès puisque chacun passe leur baccalauréat avant l'âge de 18 ans, et poursuit ultérieurement des études supérieures.

B.

      1. VRAI. 2. FAUX. 3. FAUX. 4. VRAI. 5. FAUX. 6. VRAI. 7. FAUX. 8. FAUX. 9. VRAI.

C.

      1. douzième 2. sixième 3. huitième 4. troisième 5. onzième 6. quatrième 7. cinquième,

      8. septième 9. neuvième, dixième, onzième

D.

      1. Jean-Baptiste : c

      2. Marie-France : b

      3. Marisol : f

      4. Michel : d

      5. Auguste : e

      6. Jean-Pierre : a

Vive la différence !

(Les réponses vont varier) Il n'existe pas de famille aristocratique aux Etats-Unis, comme il en existe en France. L'éducation et la famille jouent un rôle particulier, voire privilégié dans la vie des Français. Si la famille française essaie d'inculquer les bonnes manières, les valeurs familiales et traditionnelles, la famille américaine favorise plus l'indépendance des jeunes (envers leur propre famille, qui d'ailleurs, a tendance à les encourager à faire l'expérience de la vie). L'indépendance existe, elle aussi, dans la vie des jeunes Français, mais ici, il s'agit plus de la liberté de la rigidité du système scolaire.

Quoique l'éducation à la maison se fait aussi aux Etats-Unis, que cette famille ait été éduquée à la maison à cette époque est singulier, car l'instruction primaire publique en France est laïque, obligatoire, et gratuite pour les enfants de 6 à 13 ans, depuis les lois Ferry en 1881 et 1882. Issus d'une vieille famille noble, cette famille continue dans la longue tradition des précepteurs qui éduquaient les enfants des familles nobles. L'éducation des enfants en France se fait par la mémorisation des faits et des leçons, les dictées pour apprendre l'orthographe, alors qu'aux Etats-Unis, on prône la créativité. Nous pouvons voir aussi l'importance des bonnes manières de table et de la socialisation pour les enfants : par exemple, les enfants d'Aligny, selon leur âge, ne devaient ni parler à table, si on ne leur avait pas adressé la parole d'abord, ni ne pouvaient s'adonner à certains jeux s'ils n'avaient plus de 10 ans (la loi des plus de 2 chiffres) Au contraire, aux Etats-Unis, les parents encouragent leurs enfants à s'exprimer plus ou moins librement, que ce soit à table ou à n'importe quel moment de la journée. Une autre différence culturelle est le baccalauréat, un examen rigoureux que l'on passe généralement à 18 ans, mais qui n'existe pas aux Etats-Unis. La discipline est aussi importante dans les deux cultures : toutes deux utilisent le système de retenues, mais aussi d'études.

Qu'en pensez-vous ?

Ces questions sont des questions d'opinions personnelles. Les réponses vont varier.

- A. Les réponses vont varier.
- B. Les réponses vont varier.
- C. Les réponses vont varier.
- D. Les réponses vont varier.
- E. Il est certain que la famille, les traditions jouent un rôle primordial, et que la descendance de cette famille noble est assurée par l'enfant de Jean-Pierre.

RENSEIGNEZ-VOUS

Les informations à fournir doivent être le résultat des recherches personnelles des élèves et sont à partager avec les autres.

- A. Les provinces de France. Les villes de France.
- B. Le baccalauréat

Chapter 2

Comprehension Exercise

A. Vocabulary

    a. mari, femme, enfant, vaisselle   réponse: 4

    b. mariage, cours, conférence, examen   réponse: 1

    c. cuorses, ménage, enceinte, cuisine   réponse: 3

    d. grossir, flirter, maigrir, suivre un régime   réponse: 2

    e. carrière, discrimination, chauvinisme, phallocrate   réponse: 1

Dictée

B. Present Tense

Suzanne vient de téléphoner à Jean-Claude. Elle est en train de préparer son mariage. Il y a longtemps qu'elle est amoureuse de Jean-Claude. Non seulement elle le trouve séduisant mais elle admire son intelligence et son bon caractère. Elle espère se marier bientôt avec lui et avoir des enfants. Heureusement, Jean-Claude partage lui aussi les idées de Suzanne et il désire l'épouser.

Comprehension Exercise

C. Personal Pronouns

    1. Aimez-vous faire les travaux ménagers?   réponse: b

    2. Veux-tu aller au cinéma avec moi ce soir?   réponse: c

    3. Est-ce que Marie est une femme au foyer?   réponse: a

    4. Quand est-ce que Jacques va épouser Jacqueline?   réponse: c

    5. Depuis combien de temps Jacqueline est-elle amoureuse de Jacques?   réponse: b

Dictée

D. Personal Pronouns and the Present Tense

Mais voyons, Suzanne, tu sais que je t'aime toujours. Depuis quelques mois, tu grossis, c'est vrai, mais il y a une bonne raison puisque tu es enceinte. Mais non, je ne te mens pas: Je te trouve plus jolie que jamais. Allez, embrasse-moi et essaie de ne plus pleurer. Ayons du courage, n'est-ce pas, ma petite maman!

EPISODE 2
SCÉNETTE 1

DÉNOUEMENT

Compréhension

A. Malgré la parité qui est de rigueur dans la société française, il existe encore des inégalités. Les différences existant entre les hommes et les femmes sont non seulement illustrées à travers la révision humoristique des rôles traditionnels, mais encore par les sondages faits dans plusieurs domaines, dont ceux du travail, du ménage, des loisirs et des crimes. Cependant, il est bizarre, aux yeux de certains enfants, que les parents assument des tâches autres que celles dictées par leur sexe. Et pourtant, tant que l'homme n'a pas donné naissance à un enfant, il ne pourra jamais assumer le rôle de, ni comprendre, la femme !

B.
1. la pomme d'Adam
2. ont presque le même physique
3. ils ont le même travail
4. y reste moins longtemps.
5. elles sont 58 millions en France, soit 51% de la population française.
6. La femme travaille le plus dur à la maison.
7. éloigne ; assure.
8. roman ; bandes dessinées.
9. chante.
10. mort ; veuve.
11. elle se trouve devant un magasin de vêtements.
12. Elle a choisi les lieux de vacances.
13. deux.
14. les enfants trouvent cela anormal.

Vive la différence !

(Les réponses vont varier) Les rôles traditionnels pour les hommes et les femmes ne sont pas si rigides aux Etats-Unis, où l'on trouve bien des hommes au foyer qui se charge de la garde des enfants et des tâches ménagères. Pourtant, on s'attend souvent à ce que les femmes travaillent et tiennent aussi une maison, s'occupent du ménage après les heures passées au bureau. Les loisirs des hommes et des femmes aux Etats-Unis diffèrent un peu. La lecture, quoique un passe-temps pratiqué, n'est pas des bandes dessinées : les bandes dessinées en France sont considérées une lecture d'adulte, alors qu'aux Etats-Unis, c'est plus pour les adolescents. Quant aux adolescents, si en France, préfèrent la compagnie de leurs parents, aux Etats-Unis, ils préfèrent celle de leurs amis.

Qu'en pensez-vous ?

Ces questions sont des questions d'opinions personnelles. Les réponses vont varier.

A. Les réponses vont varier.
B. Les réponses vont varier.
C. La femme a le droit à l'avortement depuis 1975 (loi Veil) pour des raisons autres que celles promulguées dans

la proposition de loi de 1970 (autorisant l'avortement en cas de risque pour la vie de la mère, viol ou malformation incurable de l'embryon).

RENSEIGNEZ-VOUS

Les informations à fournir doivent être le résultat des recherches personnelles des élèves et sont à partager avec les autres.

SCÉNETTE 2

DÉNOUEMENT

Compréhension

A. Un groupe d'enfants discutent des rôles traditionnels de la femme et du mari. Certains garçons préfèrent assumer eux-mêmes les responsabilités de l'homme pour des raisons diverses (papa est comme ça, ou dégoût des tâches ménagères), alors que d'autres, plutôt progressistes, déclarent que la femme a le droit et le pouvoir d'avoir un travail car un seul salaire ne pourrait pas être assez, ou même d'être chef de famille s'il le fallait.

B.
1. FAUX
2. VRAI.
3 VRAI.
4 VRAI.
5. FAUX
6 VRAI.
7. VRAI.

Vive la différence !

(Les réponses vont varier) Les opinions de ces jeunes adolescents ne diffèrent pas beaucoup de celles des jeunes Américains de leur âge : la diversité des opinions sur le rôle des hommes et des femmes selon l'âge, le sexe, et les valeurs familiales inculquées. Il est important de signaler cependant qu'aux Etats-Unis, le rôle attendu de la femme n'est pas si traditionnel, c'est-à-dire que les jeunes ne s'attendent pas automatiquement à ce que ce soit la femme qui reste à la maison et se charge des enfants et du travail ménager, alors que subvenir aux besoins financiers incombe à l'homme . Les deux « camps » co-existent : les traditionalistes préfèrent préserver les rôles des hommes et des femmes, alors que les progressistes préconisent le partage des tâches et la parité dans les droits au travail, mais dans chacune des cultures, à un degré différent.

Qu'en pensez-vous ?

Ces questions sont des questions d'opinions personnelles. Les réponses vont varier.

A. **Les réponses vont varier.** Selon la scénette, ce proverbe est encore valable, à croire Steve qui veut assumer son rôle de père et d'homme, comme le fait son père à lui : subvenir aux besoins financiers de la famille, et préfère que sa future femme s'occupe des enfants.

B. Les réponses vont varier.

C. Les réponses vont varier pour les âges et les traits.

	Pierre-François	Lucille	Jérôme	Steve	Jean-Charles	Fabienne	Édith
âge	10 ans	16	11	16-17	14-15	14	13
Sexe	M	F	M	M	M	F	F
Progressiste ?	non	oui	non	non	oui	oui	oui
Trait	Jeune	forte	immature	Traditionnel	raisonnable	pratique	Indépendante
Trait	Naïf	Juste	Irréfléchi	Obstiné	juste	réaliste	dirigeant
trait	insouciant	responsable	étourdi	patriarcal	intelligent	juste	pragmatique

RENSEIGNEZ-VOUS

Les informations à fournir doivent être le résultat des recherches personnelles des élèves et sont à partager avec les autres.

Chapter 3

Comprehension Exercises

A. Vocabulary

    a. le jumeau, le cadet, l'aîné, la belle-mère   réponse: 4

    b. s'entendre bien, avoir de bons rapports, s'entendre mal, s'amuser ensemble   réponse: 3

    c. poli, mal élevé, gâté, ingrat   réponse: 1

    d. punir, respecter, gronder, corriger   réponse: 2

    e. père, mère, fille, orphelin   réponse: 4

B. Vocabulary and articles

    1. Mon frère a vingt ans et moi, j'ai vingt et un ans.   réponse: a

    2. Y a-t-il un manque de communication dans votre famille?   réponse: c

    3. Jean-Pierre, ne respectes-tu pas ta mère?   réponse: c

    4. M. Cormier a puni son fils hier soir?   réponse: a

    5. Combien de gosses y a-t-il chez vous?   réponse: c

Dictée

C. Articles

Aux États-Unis, au Canada, en France, partout dans le monde, on dit que trop d'enfants aujourd'hui n'écoutent pas leurs parents. Pourquoi ce manque de communication entre les générations? Est-ce que ce sont les jeunes qui sont ingrats et qui se séparent du foyer? Ou est-ce que ce sont les parents qui négligent l'éducation de leurs enfants? Si la famille doit rester la base de la société, il faut absolument avoir de bons rapports familiaux, n'est-ce pas?

EPISODE 3
SCÉNETTE 1

DÉNOUEMENT

Compréhension

A. Chantal Stoll et Jacky Michel, mère et père célibataires, élèvent leurs enfants seul, une responsabilité qui leur présente plusieurs difficultés, dont celle de trouver un équilibre dans leur propre vie professionnelle, affective et personnelle. Quoique la vie monoparentale pour Chantal soit contraignante dans la mesure où ses revenus sont modestes, elle trouve, dans son entourage, une assistance lui permettant d'organiser des activités diverses pour ses enfants, mais se sent seule. Jacky, quant à lui, abandonne une carrière et dédie sa vie à éduquer son enfant.

B.

1. b	3. b
2. a	4. b
3. c	5. a

Vive la différence!

(Les réponses vont varier) Nos deux cultures sont touchées par le divorce. La monoparentalité existe dans les deux cultures. Les services sociaux peuvent varier. Les enfants sont tout aussi occupés par l'école que par leurs activités parascolaires et sportive (centre aéré, centre de loisirs, musique, école de cirque, club de natation) Les activités ne sont pas nécessairement organisées gratuitement pour les enfants par les écoles. Ce sont, pour la plupart, des activités offertes par des centres de loisir ou des clubs (de natation, de tennis, etc.) auxquels il faut s'abonner. Il n'y a pas non plus de transportation scolaire pour la plupart de ces activités : les familles doivent s'en charger elles-mêmes.

Qu'en pensez-vous ?

A. Les trois problèmes principaux évoqués par Chantal Stoll : le premier est la situation de l'organisation matérielle à l'égard du transport, du travail, des différentes activités pour les enfants. Le deuxième problème est la monoparentalité : la responsabilité qui incombe à la mère (ou au père) et la solitude que l'on y ressent. La troisième difficulté est de jongler cette monoparentalité avec sa propre vie sociale, c'est-à-dire, comment élever seule ses enfants, tout en cultivant d'autres relations.

B. Les réponses vont varier. Il est certain que l'atmosphère dans les foyer Stoll et Michel est saine. Les enfants semblent heureux et bien ajustés à leur vie. Il existe dans le foyer Stoll un réseau de soutien qui n'est pas présent dans le foyer Michel.

C. Les réponses vont varier.

RENSEIGNEZ-VOUS

Les informations à fournir doivent être le résultat des recherches personnelles des élèves et sont à partager avec les autres. Nous vous donnons ici quelques exemples incomplets. Les résultats des recherches vont différer selon les étudiants.

Aliénor d'Aquitaine

Jeanne d'Arc

Marie de France

Louise Labé

Diane de Poitiers

Catherine de Médicis

Madame de Maintenon

Marie Curie

Simone de Beauvoir

Georges Sand : Écrivain du dix-neuvième siècle, dont les romans traversent les trois grands courants du romantisme sentimental, du socialisme humanitaire, et de la vocation paysanne, elle contribue principalement à la propagande écrite pour la révolution et le gouvernement provisoire. Elle refuse de se conformer aux conventions de son temps. Elle revendique que tant que les femmes seront sous la dépendance et la tutelle de leur mari, elles ne pourront pas penser librement, quant aux affaires politiques. Aussi refuse-t-elle sa nomination à l'Assemblée nationale. Elle affirme ses croyances en une république basée idéalement sur la communauté et l'égalité, promue par un nouveau prolétariat. Quelques-unes de ses œuvres les plus connues sont La Mare au diable, La Petite Fadette.

Louise Michel : Maîtresse d'école de campagne, Louise monte à Paris, et voit chaque jour la misère du peuple. Elle organise, avec Mme André Léo, un groupe de bénévoles pour se battre contre les Prussiens. Elle est aussi présidente du Comité de Vigilance de Montmartre, dont le but est de fournir un abri et de la nourriture à ceux dans le besoin. Elle se bat pour la révolution sociale, dans la Commune de Paris, où le peuple essaie de reconquérir Paris alors sous le contrôle des Prussiens, et du nouveau gouvernement monarchique réélu. Elle échappe à la peine de mort parce que c'est une femme, mais elle est déportée à perpétuité en Nouvelle Calédonie, où elle soutient la révolte des colons. C'est une figure légendaire du mouvement ouvrier, le représentant de l'anarchisme.

Hélène Cixous : féministe française, d'origine étrangère, écrivain qui a beaucoup publié. Elle a aidé à fonder l'université de Paris VIII et a fondé le premier Centre de Recherches d'Etudes Féminines.

Simone Veil : Ministre qui a légalisé l'avortement en 1975 (loi Veil)

Olympe de Gouges : a écrit « Déclaration des droits de la femme et de la citoyenne » en riposte à la « Déclaration des droits de l'homme et du citoyen ». Elle s'est battue non seulement pour les droits des femmes, ceux mêmes qui ont été accordés aux hommes après la révolution : liberté, égalité, le droit de vote, le droit au divorce, création d'un théâtre pour les femmes écrivains, etc., mais aussi pour les droits humains (anti-esclavage). Elle a écrit « Contrat social de l'homme et de la femme » dans lequel elle exige l'égalité pour la femme, face à l'homme.

SCÉNETTE 2

DÉNOUEMENT

Compréhension

A. Des enfants passent leurs grandes vacances avec leurs grands-parents qui leur enseignent comment faire des crêpes, du bricolage, du bûcheronnage. Les grands-parents sont d'autant plus importants qu'ils peuvent passer du temps avec les enfants, pendant que les parents travaillent.

B.

Bernadette

crêpes

cantine

bûcheronnage

bricoler

renfermée

Vive la différence !

(Les réponses vont varier) Les grands-parents jouent un rôle très important dans la vie des enfants qui passent généralement leurs grandes vacances chez eux. Les grands-parents des deux cultures sont représentés comme les « gâteurs » des enfants. Ici, le grand-père partages ses compétences, comme le bricolage, le bûcheronnage, avec son petit-fils. Aux Etats-Unis, comme en France, les parents aiment envoyer leurs enfants dans des colonies de vacances. Ce qui est intéressant dans cette scénette, c'est, on dirait que c'est le moment du goûter, un moment de la journée, vers 16 heures, où les enfants ont droit à des crêpes ou des gaufres, du pain avec une barre de chocolat, un fruit, etc., ou le moment du déjeuner où toute la famille se réunit autour de la table. Les enfants mettent la table : l'assiette, la fourchette à gauche, le couteau à droite, la serviette dessus. La grand-mère fait la cuisine, alors que tout le monde attend patiemment leur crêpe ! Chacun a deux assiettes : la grande assiette et une autre, plus petite, placée à droite soit pour le pain, soit pour le fromage. Aux-Etats-Unis, la table est mise différemment. Que ce soit le déjeuner ou le dîner, généralement, tous les plats sont sur la table et tout le monde se sert en même temps. Parfois même, la famille n'est pas toute réunie, chacun mangeant de son côté. Remarquez qu'il n'y a pas de télévision dans cette cuisine française! Ce que l'on peut remarquer ici aussi, c'est que les grands-parents jouent non seulement un rôle actif dans la famille, mais encore qu'ils sont inclus et indépendants (ils ont leur propre maison)

Qu'en pensez-vous ?

A. Les réponses vont varier. Oui, ce sont des grands-parents idéaux. Car, chacun s'occupe des petits-enfants à sa manière : mamie fait la cuisine, prépare des crêpes pour les enfants, papy se charge d'enseigner au petit garçon le bûcheronnage, le bricolage, la pêche. Les grands-parents emmènent les enfants à la plage, au lieu de les laisser tout seuls, sans surveillance. Ils participent pleinement à la vie des enfants.

B. Les réponses vont varier (réponses personnelles). Ce qui me plaît c'est la cuisine où tout le monde se réunit au moment du repas, de l'inclusion des grands-parents pendant les grandes vacances, ce qui permet à cette famille de rester plus unie. Les enfants sont en de bonnes mains !

C. Les réponses vont varier (réponses personnelles). Le commentaire du grand-père montre son côté traditionaliste, car il s'attend à ce que le petit garçon apprenne des « métiers d'homme », à acquérir des compétences jugées être pour les hommes.

RENSEIGNEZ-VOUS

Les informations à fournir doivent être le résultat des recherches personnelles des élèves et sont à partager avec les autres.

SCÉNETTE 3

DÉNOUEMENT

Compréhension

A. Dans les années 50, l'image de la famille heureuse, la famille française type, est celle d'une famille nombreuse ! Mais à partir des années 60, les femmes se battent pour leurs droits égaux à ceux des hommes: celui du travail, le droit à la maîtrise de son corps, à la contraception, à l'avortement gratuit et libre, malgré l'opposition de l'Église, et au divorce. Le domaine de la femme ne se limite plus au foyer. Nous voyons aussi les avancements de la médecine et des mœurs : celui de l'insémination artificielle et des bébés-éprouvettes, et l'arrivée des mères-porteuses.

B.
1. FAUX
2. FAUX
3. FAUX
4. VRAI.
5. VRAI.

Vive la différence !

(Les réponses vont varier) Les années 60 furent très mouvementées sur les deux continents ! La lutte pour l'égalité des droits des femmes en France parallèle celle des Américaines. Mais là où l'avortement n'est pas remis en question en France, il l'est aux Etats-Unis. L'Église jouait un rôle très important dans la vie des Français, malgré la séparation de l'Église et de l'État. Avec la création du MLF en France, les femmes vont se battre pour leurs droits dans la rue, tout comme les Américaines qui, pour dénoncer leur oppression, brûlent leurs soutiens-gorge. Il semblerait que les mères-porteuses ne s'attachent pas à l'enfant qu'elles ont porté, alors qu'aux Etats-Unis, certaines mères-porteuses font tout pour le garder, ce qui entraîne des batailles légales.

Qu'en pensez-vous ?

A. Les réponses vont varier.

B.

Avantages	inconvénients
Les corvées sont divisées entre tous les enfants	Les difficultés financières, malgré les allocations familiales
Les plus grands s'occupent des plus jeunes	La lessive
Les enfants ont des camarades de jeu	Les locaux : il faudrait avoir une maison assez grande pour pouvoir loger tout ce petit monde !

C. Les réponses vont varier (réponses personnelles).

RENSEIGNEZ-VOUS

Les informations à fournir doivent être le résultat des recherches personnelles des élèves et sont à partager avec les autres.

Chapter 4

Comprehension Exercise

A. Vocabulary

a.   le citadin, le campagnard, le paysan, le fermier   réponse: 1

b.   le métro, la voiture, le champ, la circulation   réponse: 3

c.   l'abeille, le moustique, le gratte-ciel, le serpent   réponse: 3

d.   coucher à la belle étoile, faire des courses, aller à la pêche, prendre un bain de soleil   réponse: 2

e.   la rivière, le lac, l'autoroute, la mer   réponse: 3

Dictée

B. Reflexive Verbs

Charles trouve la vie de la ville stimulante et dynamique. Il adore les nombreuses distractions de Paris. Un jour il fait des courses dans les grands magasins. Le lendemain il visite quelques monuments célèbres. Souvent il flâne sur les grands boulevards ou il se promène dans un des jolis parcs parisiens. Parfois, il fréquente son café favori et il s'y amuse avec ses copains. Charles sait qu'il ne peut jamais s'ennuyer dans la ville.

Comprehension Exercise

C. Passé composé

1.   Claudine, que faisais-tu hier soir quand je t'ai téléphoné?   réponse: c

2.   Est-ce qu'il s'est rappelé l'heure de votre rendez-vous?   réponse: b

3.   N'avez-vous jamais visité la campagne?   réponse: a

4.   Vous êtes-vous bien amusé la semaine dernière?   réponse: c

5.   Roger s'est toujours méfié des insectes.   réponse: a

Dictée

D. Passé composé

La semaine dermière. la citadine Françoise a rendu visite à sa cousine, la campagnarde Claudine. Elle voulait oublier la pollution, la circulation, et le bruit, et passer plusieurs jours dans un milieu isolé et paisible. Les deux jeunes filles se sont bien amusées, même si des abeilles les ont piquées et que Claudine est tombée dans le lac. À l'heure du départ, Claudine a pleuré, mais Françoise a promis de revenir bientôt chez sa cousine.

EPISODE 4
SCÉNETTE 1

DÉNOUEMENT

Compréhension

A. Dans les années 60, plus de provinciaux montent dans les villes pour trouver du travail. Cet influx de personnes oblige la création de nouvelles villes au lieu des cités-dortoirs pour les loger, près des lieux de travail, avec des moyens de transport excellent, et un cadre de vie bien plus agréable.

B.

2	La proximité avec lieux de travail
3	Le cadre de vie
1	Choisir son type de logement

C.

1 soixante
2. 300 000
3 8000 ; 10000 .
4. 40000.
5. 10

Vive la différence !

(Les réponses vont varier) Bien des gens vont chercher du travail dans les grandes villes, que ce soit en France ou aux Etats-Unis. Les logements sont bien plus chers dans les grandes villes. Mais en France, la banlieue peut avoir une connotation négative, surtout à Paris, contrairement aux banlieues américaines (« suburbs ». Dans cette scénette, on peut voir des enfants jouer dans des aires aménagées exprès pour le patin en ligne, une image que l'on pourrait avoir filmée aux Etats-Unis, sauf pour les voitures compactes garées des deux côtés de la rue ! Avec les excellents transports en communs mis en place dans les grandes villes, et le TGV qui dessert bien des villes provinciales, il est bien plus facile de ne pas vivre en ville, tout en ayant tout à portée de main. Il est vrai que vivre à la campagne ou en banlieue a ses avantages dans les deux cultures, cependant, il faut rappeler qu'en France, Paris est non seulement la capitale politique, mais encore la capitale culturelle où la vie ne s'arrête pas nécessairement à 19 heures.

Qu'en pensez-vous ?

Ces questions sont des questions d'opinions personnelles. Les réponses vont varier.

A. Les réponses vont varier. (réponses personnelles).

B. Les réponses vont varier (réponses personnelles).

	avantages	Inconvénients
Ville	Près du travail	Le bruit
	Accès au cinéma, à la culture (musées, etc.)	La pollution
		Le parking
		Les heures de pointe (circulation, embouteillage)
Banlieue		Plus anonyme
Moins peuplé	Il y a plus d'espace	Les transportations
	La distance	Les heures de pointe (circulation, embouteillage)
campagne	La nature	Loin de la ville, des musées, de la culture
	Plus sain (moins de pollution)	Moins anonyme (plus facile de se lier avec les gens)
	Pas d'heure de pointe !	
	Pas de problème de circulation ou d'embouteillage	
	Cadre de vie plus agréable	

C. Les réponses vont varier (réponses personnelles).

RENSEIGNEZ-VOUS

Les informations à fournir doivent être le résultat des recherches personnelles des élèves et sont à partager avec les autres.

SCÉNETTE 2

DÉNOUEMENT

Compréhension

A. Se loger dans un espace réduit est un exploit difficile à faire ! Mais grâce aux aménagements de de formules gains de places, par les lits superposés ou cachés, les tables pliantes, la combinaison douche/WC/lavabo qui sert aussi de placard, et autres astuces présentées au salon Maisons, les espaces minuscules peuvent être transformés en des lieux habitables.

B. Les réponses vont varier. La seule chose qui me plaise c'est la machine à laver et le réfrigérateur cachés sous l'évier.

Vive la différence !

(Les réponses vont varier) Aménager des espaces réduits en ville en des espaces habitables est un énorme problème dans les deux cultures, surtout dans les grandes villes comme Paris ou New York.

Malgré l'espace réduit, il est très rare que la douche soit dans la même pièce. Nous faisons appel, selon nos moyens, à des architectes d'intérieur pour réorganiser notre espace. Il y a toujours des Salons Maisons où des compagnies montrent leurs nouvelles inventions, certains sont parfaitement utilisables, comme le futon avec les tiroirs de rangement, d'autres franchement trop futuristes et pas pratiques.

Qu'en pensez-vous ?

A. Le logement **d'Elisabeth** Sissan est trop petit et trop claustrophobe pour moi. Il me faut de l'espace ! Le lit est trop près du plafond. Il suffit d'oublier où l'on est pour se cogner la tête. Que la salle de séjour soit dans la même pièce que la chambre à coucher me déplaît énormément car il n'y a aucune intimité possible !

B. Les réponses vont varier (opinions personnelles) Petit appartement de 18 mètres carrés, à deux pièces, avec une douche. Meublé, confortable, agréable, il y a un salon bien éclairé et confortable où vous pourrez accueillir des amis confortablement. La chambre en mezzanine vous offre une superbe vue. Dans la cuisine aux couleurs vives et gaies, vous trouverez un meuble de rangement, un évier et un chauffe-eau électrique. Il y a aussi un espace aménagé pour la machine à laver et le réfrigérateur, cachés sous l'évier pour maximiser l'espace habitable.

Dans ma ville, cet appartement ne se louerait pas à plus de $150 tant il est ridiculement petit par rapport aux autres appartements et maisons à louer! Par contre à Paris, cela dépendra naturellement du lieu, cet appartement se louerait même à 800 €.

C. Les réponses vont varier (opinions personnelles). Je conseillerais à Elisabeth Sissan d'acheter la douche/lavabo/WC qui sert aussi de placard. Sa douche est maintenant dans un petit coin de la deuxième pièce\cuisine, on dirait, ce qui n'est pas très privé, ni esthétique, sans parler d'hygiénique. Avec la combinaison du placard/douche, la douche se trouve dans un endroit fermé et délimité de la cuisine.

RENSEIGNEZ-VOUS

Les informations à fournir doivent être le résultat des recherches personnelles des élèves et sont à partager avec les autres.

SCÉNETTE 3

DÉNOUEMENT

Compréhension

A. Dans un petit village du Minervois, à Bagnoles, les 200 habitants se sont cotisés pour pouvoir acheter une nouvelle voiture pour leur curé, en service depuis 1947 ! Ils se réunissent sur la place de l'église où un vin d'honneur leur est offert par le Curé pour les remercier.

B.
1   FAUX
2   VRAI.
3   FAUX
4   FAUX
5. VRAI.

Vive la différence !

(Les réponses vont varier) Nous pouvons voir ce phénomène où les jeunes gens quittent leur village pour monter dans les grandes villes à la recherche d'un travail, laissant derrière eux les personnes âgées et les petits. Il est intéressant de voir dans cette vignette, que le curé tient encore une grande place dans la vie des villageois, et fait encore ses tournées, dont le besoin de cette nouvelle deux-chevaux ! De même, malgré le peu de paroissiens qui vont encore à la messe, et malgré la taille du village, il y a quand même une église dans ce village. Pas tous les villages en France ont une église, mais ce qui est étonnant c'est qu'il y en ait un pour un village de seulement 200 habitants. Il faut aussi remarquer la construction des bâtiments et la couleur des murs, qui est typique du Languedoc-Roussillon. Le vin d'honneur, une tradition française, est généralement proposé aux invités que l'on souhaite honorer (pour les mariages, pour pouvoir convier un grand nombre de personne, où les invités du vin d'honneur ne sont pas forcément invités à la réception).

Qu'en pensez-vous ?

A. Les réponses vont varier. Le curé est estimé par les 200 et quelques habitants de Bagnoles, il semble jovial, aimé, respecté, loyal puisqu'il est curé depuis 1947 ! Il n'est certainement pas ingrat.

B. C'est un vrai petit village français, qui n'a pas l'air d'être une attraction touristique et peut offrir encore des vignettes de la vraie France.

Les questions : Est-ce que Bagnoles a changé au cours des temps ? Combien de familles y vivent ? Jusqu'à quelle période ces familles remontent-elles ? Existe-t-il encore des lavoirs ? Quand est-ce que l'église a été construite ?

C. Une des raisons pour lesquelles les habitants de Bagnoles sont peu nombreux est peut-être parce que les jeunes sont partis dans les grandes villes pour faire leur vie. Il est intéressant de ne voir que des personnes très âgées, ou de jeunes enfants !

RENSEIGNEZ-VOUS

Les informations à fournir doivent être le résultat des recherches personnelles des élèves et sont à partager avec les autres.

SCÉNETTE 4

DÉNOUEMENT

Compréhension

A. Un groupe de professionnels forme le groupe « Logement pour tous » et, avec l'aide d'autres organisations, achète, réhabilite, ou construit, et loue les habitations aux moins privilégiés qu'il aide aussi à se réinsérer. Mais ce groupe a lui aussi besoin d'aides d'autres professionnels pour éviter que le fossé entre les aisés et les nouveaux pauvres ne s'accroît.

B.
1. exigences ; le beau ; famille, cadre de vie ; respecte
2. le professionnalisme ; générosité ; accomplissons ; tâche ; habitants ; logements.

C.
1   VRAI
2.   VRAI
3   FAUX
4.   FAUX
5.   VRAI

Vive la différence !

(Les réponses vont varier) Ce groupe de « logement pour tous » est comparable à « Habitat for Humanities » qui aide les démunis à trouver un logement, à une différence près : « Logement pour tous » acquière aussi des habitations, des H.L.M. qu'il rénove et reloue. Les deux groupes sont libres d'intervenir directement, sans avoir à faire avec le gouvernement. La spéculation à Paris dénie le droit aux plus démunis d'avoir un logement. Malgré les divers organismes qui existent, nous pouvons voir qu'ils ne peuvent faire grand-chose.

Qu'en pensez-vous ?

A. Les réponses vont varier. Oui, je suis d'accord, car si l'on respect son milieu, son cadre de vie, l'on a plus généralement plus tendance à prendre soin des locaux, des habitations.
B. Les réponses vont varier. Dans les H.L.M que je connais, il n' y a aucun souci de l'esthétique ni de la qualité de construction, ou même du maintien des lieux. Ce sont des immeubles en béton, tristes, sans aménagements paysagers, qui ont pour pu de loger autant de personnes dans le même lieu que possible, sans se soucier du cadre de « du beau ».

RENSEIGNEZ-VOUS

Les informations à fournir doivent être le résultat des recherches personnelles des élèves et sont à partager avec les autres.

A. les statistiques sur les loyers.

SCÉNETTE 4

DÉNOUEMENT

Compréhension

A. Les riverains de la rue des Beaux-Arts signalent l'alarme en klaxonnant, en sonnant le cor, ou en utilisant quelconque instrument pour avertir tous de l'arrivée des pervenches, et par conséquent des p.v.

B.
1.   c
2.   b
3.   b

Vive la différence !

(Les réponses vont varier) Le sens de l'humour entre les deux pays est un brin différent. La manifestation de la « haine » des pervenches n'est pas méchante en soi. Les Français et les Américains la manifestent de manière différente. Le premier groupe aime à se gausser des contractuelles, le deuxième se contente de grogner, ou même de se disputer avec les contractuelles.

Qu'en pensez-vous ?

A. Les réponses vont varier. Je n'ai pas fait cette expérience de « haine » envers les contractuelles.

B. Les réponses vont varier. Il n'est certes pas juste de manifester contre l'état en se prenant aux simples contractuelles. Dans l'esprit des Français, elles travaillent pour le gouvernement, par conséquent elles le représentent et doivent subir les « attaques ».

C. Les réponses vont varier. Il ne faut pas vraiment prendre l'action des riverains au sérieux, parce qu'ils ne font vraiment de mal à personne.

RENSEIGNEZ-VOUS

Les informations à fournir doivent être le résultat des recherches personnelles des élèves et sont à partager avec les autres.

Chapter 5

Comprehension Exercises

A. Interrogatives

1. Il l'a achetée parce qu'il veut impressionner tout le monde.   réponse: a
2. C'est une personne qui ne travaille pas.   réponse: b
3. C'est l'argent qui l'intéresse.   réponse: c
4. Oui, elle a beaucoup de classe.   réponse: b
5. Notre patron est assez sympathique.   réponse: a
6. C'est le tennis.   réponse: c

B. Vocabulary

a. poli, cultivé, raffiné, grossier   réponse: 4
b. sale, luxe, malsain, pénible   réponse: 2
c. médecin, avocat, clochard, professeur   réponse: 3
d. snob, taudis, arriviste, nouveau riche   réponse: 2

Dictée

C. Interrogatives

Je m'appelle André Dupont et je suis millionnaire. Vous pensez que la vie somptueuse d'un millionnaire est toujours agréable, n'est-ce pas? Pas du tout! Qu'est-ce qui arrive, par exemple, quand les riches ont des malheurs? Qui a pitié des gens aisés? Qu'est-ce que les riches peuvent faire alors et à qui peuvent-ils s'adresser? Quels sont les avantages du succès s'il n'y a personne pour nous aider? Quelle vue misérable! Voulez-vous changer de place avec moi?

Comprehension Exercises

D. Negatives

1. Qu'est-ce que tu veux devenir, avocat ou médecin?   réponse: c
2. Vous voulez travailler dans ce magasin, n'est-ce pas?   réponse: a
3. Est-ce que cette dame riche aide encore les pauvres?   réponse: a

E. Interrogatives & Negatives

1. Je n'ai rien vu d'intéressant.   réponse: c
2. Non, je n'en ai plus.   réponse: c
3. Ils n'en ont que trois.   réponse: a

F. Negatives

Permettez-moi de me présenter. Je suis un clochard professionnel. J'aime habiter dans les taudis, je n'ai guère d'ambition, et je ne me révolte contre rien. Je n'ai ni profession ni métier. Je ne demande à personne de m'aider. Je n'ai qu'un désir: ne pas travailler. Est-ce que vous trouvez mon attitude malsaine? Non? Moi non plus! N'en parlons plus alors!

EPISODE 5
SCÉNETTE 1

DÉNOUEMENT

Compréhension

A. Grâce à la nouvelle construction d'H.L.M, il est bien plus aisé pour les étrangers de s'intégrer dans la communauté française, car cette nouvelle cité d'H.L.M. refuse toute ségrégation. En effet, la composition des résidents est bien mélangée : Français et étrangers coexistent, et se voient car, avec les cages d'escaliers extérieures, tout est bien plus transparent, visible, permettant à chacun la possibilité d'avoir contact avec les autres.

B.

1. c	3. a
2. a	4. b

Vive la différence !

(Les réponses vont varier) L' intégration des étrangers dans une communauté peut s'avérer très difficile, surtout s'il y a une politique de ségrégation. Il y a, en France, des cités H.L.M. qui ne sont pas aussi ouvertes et sûres que celles dépeintes dans cette scénette. Selon les villes, certains sont intégrés à la communauté (grâce à la CAF), d'autres sont placés dans des H.L.M , mais ils ne sont pas séparés des Américains.

Qu'en pensez-vous ?

Ces questions sont des questions d'opinions personnelles. Les réponses vont varier.

  A. Les réponses vont varier (réponses personnelles)
  B. Les réponses vont varier (réponses personnelles)
  C. Les réponses vont varier (réponses personnelles)

RENSEIGNEZ-VOUS

Les informations à fournir doivent être le résultat des recherches personnelles des élèves et sont à partager avec les autres.

SCÉNETTE 2

DÉNOUEMENT

Compréhension

A.   Il existe deux générations de contrepartistes, les vieux qui aiment la bonne nourriture servie dans les restaurants, et les plus jeunes qui ont pris la relève. Ces derniers, mangent sur le pouce, ce qui est certainement plus économique, et leur accorde bien plus de temps pour travailler. Car, après tout, le temps c'est de l'argent !

B.
   1   c
   2   a
   3. a
   4   b

C. Un Golden Boy – un Golden Boy est la vedette ou l'enfant sacré de la Bourse, du cinéma. Dans ce contexte, un Golden Boy est une personne tenant le poste clé dans les institutions financières, un opérateur de marché.

   Time is money – Le temps c'est de l'argent. Cette expression existe aussi en français. Son utilisation anglaise implique peut-être la nouvelle « race » de Golden Boys, ceux qui justement copient leurs contreparties d'outre-mer qui travaillent et ne prennent plus le temps de se nourrir !

Vive la différence !

(Les réponses vont varier) Si les anciens Golden Boys savent profiter de la vie et savent prendre le temps de déjeuner, les nouveaux contrepartistes sont pareils aux contrepartistes américains pour qui le temps c'est vraiment de l'argent, mangeant sur le pouce un casse-croûte pas cher, et ne prenant que très rarement le temps, de s'asseoir pour un bon déjeuner sain.

Qu'en pensez-vous ?

Ces questions sont des questions d'opinions personnelles. Les réponses vont varier.

RENSEIGNEZ-VOUS

Les informations à fournir doivent être le résultat des recherches personnelles des élèves et sont à partager avec les autres.

SCÉNETTE 3

DÉNOUEMENT

Compréhension

A. La définition du luxe continue de changer et avec elle, les produits doivent changer aussi pour répondre aux exigences du nouveau marché. Pour ces derniers, la possession matérielle de ce qui est cher et rêvé fait encore partie de cette définition, mais il faut y ajouter les valeurs de la liberté de faire ce que l'on veut, de la réalisation de soi-même.

B. Joséphine : Côté matériel, le luxe est ce qui est cher et rare, ce que l'on rêve de posséder. Mais c'est aussi le silence, la liberté, l'espace.

Marc : Le luxe pour Marc c'est la liberté de faire ce que l'on veut quand on veut. Le matériel est compris dans le luxe, mais surtout c'est la réalisation de son ambition.

Agnès : Pour elle, le luxe c'est la dérision dans l'argent : porter une robe pas chère du tout à une soirée de gala, porter un collier de diamants avec une chemise en jean, c'est la moquerie du luxe telle que l'on se l'imagine.

C. Visionnez et écoutez bien. La journaliste en voix off se sert de nombreux adjectifs qui qualifient le luxe aujourd'hui. Pouvez-vous en faire la liste ? Comparez vos résultats avec ceux de vos camarades.

Le style grand bourgeois, rare, cher, beau, raisonnable, sûr, traditionnel, moins utopique, plus individualiste.

D. les articles de luxe sont : les bijoux traditionnels de chez Chaumet (montres, colliers, bracelets, bagues, broches), d' autres bijoux plus innovateurs et créatifs, une voiture de course modèle réduit en or, le téléphone dans la voiture, des vêtements de marque, des chapeaux.

Vive la différence !

(Les réponses vont varier) La définition du luxe est différente selon les gens sondés, pour qui le luxe va du matériel à l'immatériel, et la liberté de s'exprimer. C'est un désir humain que de vouloir « posséder » des choses pour se faire plaisir et, tout comme partout dans le monde, le marché doit s'adapter à ce que recherche la clientèle pour mieux la viser. Nous avons des bijoutiers onéreux, de grands noms, tels que Cartier, Tiffany's qui représentent le luxe qui fait rêver les moins munis. Cependant, les Américains comptent plus leurs richesses par ce qu'ils ont.

Qu'en pensez-vous ?

Ces questions sont des questions d'opinions personnelles. Les réponses vont varier.

RENSEIGNEZ-VOUS

Les informations à fournir doivent être le résultat des recherches personnelles des élèves et sont à partager avec les autres.

Chapter 6

Comprehension Exercises

A. Descriptive adjectives and adjectives agreements

1. Que pensez-vous de la nouvelle directrice?   réponse: b
2. Diane, as-tu vu ces deux clochards?   réponse: a
3. Les écoles françaises sont différentes des écoles américaines, n'est-ce pas?   réponse: c

B. Adjective agreement

1. Je pense qu'elle est assez compétente.   réponse: a
2. Je connais deux hommes politiques, mais ni l'un ni l'autre n'est français.   réponse: a
3. Oui, elle est très propre.   réponse: c

C. Adjective agreement

a. jeune, amusant, beau, grand   réponse: 1
b. bête, conservateur, de gauche, libéré   réponse: 2
c. compétent, travailleur, qualifié, lucratif   réponse: 2
d. loyal, propre, poli, doux   réponse: 2

Dictée

D. Placement & agreement of adjective

L'année dernière, j'étais un député respecté et admiré de tout le monde. J'avais une belle femme fidèle qui me rendait heureux, des enfants sages et bien élevés, et des partisans loyaux. J'avais même une petite chienne noire qui s'appelait Fifi. Mais maintenant je suis dans cette prison sale et malsaine. Tout cela à cause d'un petit pot de vin que j'ai accepté, mais il a complètement changé ma vie. Comme j'ai été bête!

Comprehension Exercise

D. The Comparative

1. Pourquoi l'agent de police a-t-il arrêté cette femme d'affaires?   réponse: c
2. Est-ce que tous les ouvriers sont déjà arrivés?   réponse: a
3. Voltaire est un meilleur écrivain que Sartre, n'est-ce pas?   réponse: b
4. Pourquoi êtes-vous si certain que votre père va être élu?   réponse: a
5. Laquelle est plus confortable, une villa ou une prison?   réponse: c
6. Mais où est M. Laurent? Il est toujours en retard!   réponse: b

Dictée

E. Adjective agreement & placement

Mimi était la meilleure secrétaire du bureau. Elle était plus énergique que toutes les autres secrétaires et bien moins paresseuse, et elle était même plus compétente que son patron. Malheureusement, elle ne gagnait pas assez d'argent. Mécontente, elle a décidé de chercher un autre emploi. Elle en a trouvé un facilement. Elle a très bien réussi et elle est bientôt devenue sa propre patronne. Maintenant, tout va mieux dans la vie de Mimi. Elle est plus satisfaite et, naturellement, beaucoup plus riche!

EPISODE 6
SCÉNETTE 1

DÉNOUEMENT

Compréhension

A. Nous passons en revue la vie politique de François Mitterrand, de député, puis ministre, il est élu président à la troisième tentative, malgré sa rupture du parti communiste. Après 23 ans d'opposition, le PS est enfin au pouvoir. La France connaît alors la politique de la gauche : décentralisation , réformes sociales, nationalisation, abolition de la peine mort. Au premier mandat, la France connaît trois ministres, Mauroy et Fabius, et, à la perte de la majorité, Jacques Chirac, de droite, devient le premier ministre, une situation que l'on appelle la cohabitation.

B.

1.	c	3.	b
2.	c	4.	a

C.

Politique, premières, participé gouvernement, libérée, Gaulle, leçons

Politique, préconise, Français, nécessaire.

Peut, monde, humains, minimum

Vive la différence !

(Les réponses vont varier) Le système politique est bien différent entre les deux pays. En France, le président nomme le premier ministre d'après les sièges de l'Assemblée Nationale. Il ne peut pas choisir son Premier Ministre d'après son parti ou ce qu'il veut, mais il doit le nommer de la majorité, même si la majorité est l'opposition. Dans le cas où le président et le premier ministre sont de partis opposés, nous appelons cela une cohabitation. Bien sûr, le président ne peut nommer le ministre que par la majorité de Aux Etats-Unis, il y a le président et le vice-président. Si le président américain ne peut plus assumer ses responsabilités, c'est le vice-président qui devient président. En France, c'est le Président du Sénat qui prend la place du président et doit mettre en place de nouvelles élections dans les 35 jours qui suivent. Il y a certainement plus de partis politiques en France qu'aux Etats-Unis, et depuis 1999, avec la division du RPR, il y a encore plus de partis politiques de droite. Dans les deux pays, c'est le peuple qui élit son président, mais en France, c'est le suffrage universel direct, alors que le Collège électoral américain a plus de pouvoir que le peuple américain.

Qu'en pensez-vous ?

Ces questions sont des questions d'opinions personnelles. Les réponses vont varier.

RENSEIGNEZ-VOUS

Les informations à fournir doivent être le résultat des recherches personnelles des élèves et sont à partager avec les autres.

SCÉNETTE 2

DÉNOUEMENT

Compréhension

A. Une ville alsacienne, à l'est des Vosges, vote pour Jean Marie Le Pen à 23,2%, un vote plus élevé que la moyenne nationale. Ces Alsaciens, pour la plupart protestants, ne sont ni racistes ni ne veulent Le Pen comme président, mais par leur vote, désiraient exprimer leur mécontentement du gouvernement au pouvoir.

B.
1. VRAI.
2. VRAI
3. FAUX
4. FAUX.
5. FAUX
6. VRAI
7. FAUX
8. VRAI
9. VRAI

C.
1. une
2. 88 ; 23,2
3. 11,8 ; 7
4. 90%

Vive la différence !

(Les réponses vont varier) Les villageois alsaciens exprime leur désapprobation du gouvernement en votant complètement contre le parti au pouvoir, et plus précisément pour Jean Marie Le Pen, alors président du Front National (FN). De même, aux Etats-Unis, certains ont voté pour Ralph Nader pour ne pas voter pour les deux candidats principaux. D'autres manières d'exprimer son mécontentement, c'est de s'abstenir de voter, ce que nous trouvons dans les deux pays.

Qu'en pensez-vous ?

Ces questions sont des questions d'opinions personnelles. Les réponses vont varier.

RENSEIGNEZ-VOUS

Les informations à fournir doivent être le résultat des recherches personnelles des élèves et sont à partager avec les autres.

Chapter 7

Comprehension Exercises

A. The Future

1. Si on achète un vêtement en solde, combine coûtera-t-il?   réponse: b
2. Quand emploie-t-on l'expression «À votre santé»?   réponse: c
3. Comment appelle-t-on une personne qui apprécie beaucoup la cuisine raffinée?   réponse: a

B. The Future

1. Si vous étiez en France, dans quel magasin feriez-vous vos achats?   réponse: b
2. Mangiez-vous souvent de la salade quand vous étiez petit?   réponse: b
3. Est-ce que Jean dînera chez nous ce soir?   réponse: a

Dictée

C. The Future

Je m'appelle M. Gros, et j'adore manger! Ce soir, mon amie Isabelle et moi, nous dînerons au restaurant. Nous commencerons le repas avec des hors-d'oeuvre variés. Quel rêve! Quand nous aurons fini l'entrée, le plat principal, le plateau de fromages, et la salade, nous choisirons un dessert délicieux. Aussitôt que nous aurons fini notre dessert, nous commanderons un autre dessert, et encore un autre! Si je n'étais pas gourmand, je serais très malheureux.

Comprehension Exercises

D. Devoir

1. Julien, pouquoi est-ce que j'ai mal au coeur?   réponse: c
2. Combien est-ce que je te dois?   réponse: a
3. Pourquoi est-ce que les autres pays ont peur de ce pays?   réponse: b
4. Gaston, pourquoi êtes-vous arrivé en retard au bureau ce matin?   réponse: c
5. Nous n'avons pas aimé le dessert. Qu'est-ce que nous aurions dû faire?   réponse: c

E. Vocabulary

a. patriotique, paresseux, chauvin, fier   réponse: 2
b. garçon, serveuse, client, agent de police   réponse: 4
c. recette, haute couture, mode, boutique   réponse: 1
d. apéritif, liqueur, entrée, café   réponse: 3

F. Devoir

Hier soir, j'ai vu de jolies robes en solde dans une boutique à la mode. J'aurais dû en acheter seulement une, mais j'en ai acheté trois! Et j'ai dû demander de l'argent à mon père pour m'aider à les payer! Ce soir je devais aller au théâtre avec mon amie Brigitte. Mais maintenant je n'ai plus d'argent. Peut-être que je devrais essayer d'être un peu plus responsable!

EPISODE 7
SCÉNETTE 1

DÉNOUEMENT

Compréhension

A. Trois dossiers de la sécurité sociale passent en revue: celui de la retraite et de l'assurance maladie, qui sont généralement déficitaires, et pour lesquels on propose plusieurs solutions pour essayer de résoudre ce problème, et le dossier de la famille qui est généralement excédentaire. Puisqu'il y a un excès, les experts recommandent de l'utiliser pour créer des aides pour les familles les plus nécessiteuses.

B.
     1   pension – somme versée (C)
     2   homologation – autorisation (B)
     3. caisse – organisme étatique (D)
     4   excédentaire – non-déficitaire (E)
     5   préconiser – recommander (A)

Vive la différence !

(Les réponses vont varier) Les problèmes sociaux auxquels nous faisons face sont les mêmes dans les deux pays, que ce soit pour la retraite, l'assurance maladie, ou les prestations familiales. Il n'y a pas assez d'argent dans le budget pour subvenir aux besoins de tous, mais il semble que les Français, par rapport aux Américains, sont mieux pris en charge. Alors que les Français sont pour la plupart assurés, aux Etats-Unis, pas tous les employés sont couverts sous une assurance maladie.

Qu'en pensez-vous ?

Ces questions sont des questions d'opinions personnelles. Les réponses vont varier.

RENSEIGNEZ-VOUS

Les informations à fournir doivent être le résultat des recherches personnelles des élèves et sont à partager avec les autres.

SCÉNETTE 2

DÉNOUEMENT

Compréhension

A. Une famille française où seule la mère travaille, et le mari est au chômage, n'a que 8000FF par mois pour vivre, et ne peut faire d'économies. Le coût de vie augmente, mais le salaire de cette femme stagne depuis quatre ans. De même, son mari, n'ayant pas eu d'augmentation de salaire après 6 ans, a quitté son emploi.

B.
1. quatre ans
2. 1985, 3900
3. 4300
4. 8000
5. 2000
6. zéro
7. 6

Vive la différence !

(Les réponses vont varier) Le chômage est un problème social qui affecte beaucoup de personnes. Avec le coût de vie qui augmente d'années en années, sans que le salaire parallèle cette montée, les familles les plus modestes sont forcées à vivre de mois en mois, sans pouvoir faire d'économies. L'allocation chômage n'est cependant pas assez pour permettre à une famille de subvenir au strict nécessaire de leur vie quotidienne. D'ailleurs, une bonne partie des chômeurs ne reçoit pas cette allocation pour des raisons multiples, ou peut la perdre après. Par ailleurs, l'État a récemment décidé de renforcer le contrôle des demandeurs d'emplois (journal de 20 heures France 2 ; le mardi 20 septembre 2005) : un chômeur qui refuserait de prendre un poste risquerait de perdre à 20% de ses allocations, qui, au troisième refus, seraient supprimées. Bien des familles aux Etats-Unis luttent chaque mois pour survivre, car le taux de chômage est élevé aussi, et les allocations ne sont jamais assez.

Qu'en pensez-vous ?

Ces questions sont des questions d'opinions personnelles. Les réponses vont varier.

RENSEIGNEZ-VOUS

Les informations à fournir doivent être le résultat des recherches personnelles des élèves et sont à partager avec les autres.

A. définitions de mots.

SCÉNETTE 3

DÉNOUEMENT

Compréhension

A. Dans une entreprise de fruits secs, le patron se fait noter par ses employés. Cette année, cependant, les bénéfices sont dans le rouge, et il demande à ses employés d'accepter une baisse de salaire de 12%. La moyenne des notes données est de moins de 5 sur 10. Il est temps que le patron se remette en question !

B.
1. FAUX
2. VRAI
3. FAUX
4. VRAI
5. VRAI

C.
1. 2
2. 5
3. 9
4. 3
5. la réponse va varier
6. la réponse va varier
7. (la réponse va varier

Vive la différence !

Les réponses vont varier. Cette entreprise ne représente pas vraiment la gestion des entreprises françaises en général. Il est intéressant cependant de noter que dans bien des entreprises américaines, c'est la performance des employés qui est évaluée, et non celle des patrons.

Qu'en pensez-vous ?

Ces questions sont des questions d'opinions personnelles. Les réponses vont varier.

RENSEIGNEZ-VOUS

Les informations à fournir doivent être le résultat des recherches personnelles des élèves et sont à partager avec les autres.

SCÉNETTE 4

DÉNOUEMENT

Compréhension

A. En France, les impôts sur le revenu, la TVA, les impôts sur les sociétés, le pétrole, et autres rapportent environ 1200 milliards aux recettes de l'état. Sur 25 millions de foyers fiscaux, seuls 14, 5 millions contribuent, car les 10,5 millions de foyers restant gagnent un salaire inférieur à 3500F pour une personne ou 8000F pour un couple avec deux enfants. Les impôts s'échelonnent de 5% (salaire mensuel de 3500F) à 56,8% (salaire mensuel de 26000), ce qui veut dire que seulement 15% des contribuables paient plus de 75% de l'impôt total.

B.
   1. 10 milliards
   2. 10 milliards
   3. L'Allemagne, l'Angleterre et les États-Unis
   4. 14,5 millions
   5. 56,8%

Vive la différence !

(Les réponses vont varier) Les impôts sur le salaire mensuel est le même partout en France, mais est différent selon l'état aux Etats-Unis. Les Français paient plus d'impôts sur le revenu que les Américains, à partir d'à peu près le même salaire minimum. Mais si en France les impôts s'échelonnent, aux Etats-Unis, c'est la classe moyenne qui contribue le plus, et pour les riches et les pauvres.

Qu'en pensez-vous ?

Ces questions sont des questions d'opinions personnelles. Les réponses vont varier.

RENSEIGNEZ-VOUS

Les informations à fournir doivent être le résultat des recherches personnelles des élèves et sont à partager avec les autres.

EPISODE 8
SCÉNETTE 1

DÉNOUEMENT

Compréhension

A. On interviewe Joël Robuchon, jugé le meilleur cuisinier du monde, qui nous déclare que le goût est essentiel. Les goûts ont changé avec le temps, mais nous sommes revenus à la cuisine traditionnelle, mais aussi à une cuisine où l'on retrouve la saveur de chaque ingrédient. Chaque cuisinier se doit d'utiliser les produits trouvés dans sa région pour obtenir le meilleur goût. Aussi le même plat aura-t-il des goûts différents selon l'endroit où on le prépare.

B.
1. VRAI
2. VRAI
3. FAUX
4. VRAI

Vive la différence !

(Les réponses vont varier) La cuisine française est très variée : chaque région a sa propre cuisine, sa spécialité, comme chaque état aurait une spécialité à elle (comme le jumbalaya de la Louisiane par exemple). Avec le temps, de nouvelles catégories s'ajoutent au répertoire. Le goût est non seulement primordial pour Joël Robuchon, il l'est aussi pour les Français moyens, pour qui la nourriture est une partie essentielle de leur vie. La hiérarchie des cuisiniers dans la cuisine semble la même, le chef surveillant les sous-chefs, mais nous remarquons que c'est Joël qui prépare le mets principal. La présentation de chaque plat est aussi importante que son goût. Il ne faut surtout pas non plus oublier le dessert, partie du repas rarement omise par les Français !

Qu'en pensez-vous ?

Ces questions sont des questions d'opinions personnelles. Les réponses vont varier.

RENSEIGNEZ-VOUS

Les informations à fournir doivent être le résultat des recherches personnelles des élèves et sont à partager avec les autres.

SCÉNETTE 2

DÉNOUEMENT

Compréhension

A. Les fast foods offrent de la nourriture pas chère, mais malgré son nom, la restauration rapide ne l'est pas. La sauce fait le hamburger ! Aussi chaque maison essaie-t-elle d'inventer une sauce « secrète » pour accrocher les clients. La restauration rapide n'est pas encore gastronomique ! Cependant, le fait de pouvoir y rester des heures sans être dérangé remonte les fast foods d'un échelon.

Vive la différence !

(Les réponses vont varier) La nourriture offerte par la restauration rapide, les attentes accumulant le temps passé à faire la queue semblent partout les mêmes. Si en France les gens y vont, ce n'est pas pour se régaler, mais pour faire partie de la vie en changement, comme le dit la vieille dame, mais surtout pour pouvoir s'y attarder plus longtemps pour discuter entre amis. Car, la qualité ne se fait pas sentir. Même si ce sont plutôt les jeunes que l'on y retrouve, aux Etats-Unis, les adultes y vont aussi, parce que c'est plus facile, surtout si l'on doit manger sur le pouce. Il est aussi intéressant de voir la préparation de ces « plats » par rapport à la scénette précédente où ils sont préparés à l'unité, et dans cette scénette, ils sont préparés en masse ! Que ce soit aux Etats-Unis ou en France, on doit toujours attendre : les mêmes problèmes existent.

Qu'en pensez-vous ?

Ces questions sont des questions d'opinions personnelles. Les réponses vont varier.

RENSEIGNEZ-VOUS

Les informations à fournir doivent être le résultat des recherches personnelles des élèves et sont à partager avec les autres.

SCÉNETTE 3

DÉNOUEMENT

Compréhension

A. Le guide Michelin note les restaurants en leur décernant des étoiles. Un film classique avec Louis de Funès, *L'aile ou la cuisse* caricature bien ce phénomène. Les inspecteurs Michelin, pour la plupart des hommes, doivent rester anonymes. C'est ainsi qu'Emile Jung a obtenu sa troisième étoile, sans vraiment savoir quand ou pourquoi. Restaurateur à Strasbourg, Emile utilise pour chaque plat un maximum de 3 ingrédients.

B.

1. FAUX

2. FAUX

3. FAUX

4. FAUX

5. VRAI

6. VRAI

7. VRAI

8. VRAI

Vive la différence !

(Les réponses vont varier) Les inspecteurs n'existent pas aux Etats-Unis, où les critiques de restaurants se font ouvertement dans les journaux. Le système d'étoiles ne paraît que dans les restaurants français. Si les restaurateurs ne savent pas pourquoi ils ont reçu ou perdu des étoiles, les restaurateurs américains, eux, peuvent lire les critiques faites de leur restaurant et des mets préparés.

Qu'en pensez-vous ?

Ces questions sont des questions d'opinions personnelles. Les réponses vont varier.

RENSEIGNEZ-VOUS

Les informations à fournir doivent être le résultat des recherches personnelles des élèves et sont à partager avec les autres.

SCÉNETTE 4

DÉNOUEMENT

Compréhension

A. Les Champs-Elysées ont bien changé : la saleté, les publicités, les restaurations rapides sont envahissantes. Seule la perspective si célèbre a été gardée. Plusieurs facteurs contribuent à la destruction des Champs-Elysées : de la spéculation à la négligence des autorités. La conservation des lieux des souvenirs, tels que le Fouquet's, est impérative pour ralentir la destruction de l'avenue des Champs-Elysées telle qu'on la connaît, si ce n'est pour l'améliorer.

B.
  1. la spéculation
  2. la gourmandise des gens
  3. la négligence des autorités

Vive la différence !

(Les réponses vont varier) L'invasion du moderne et de la publicité est un fléau que l'on retrouve aux Etats-Unis aussi, à une différence près. Pour les Français qui priment la tradition et l'histoire, McDonald sur les Champs-Elysées serait une dégradation rapide des Champs-Elysées. La spéculation, un des facteurs de la destruction des Champs-Elysées tels qu'on s'en souvient, ravage aussi les bâtiments historiques en Amérique. Cependant, on peut remarquer que les Français se regroupent pour sauver le Paris, le bâtiment, le restaurant, etc. de leurs souvenirs. Aux Etats-Unis, il n'est pas toujours le cas que l'on préserve l'histoire qui se trouve dans les bâtiments.

Qu'en pensez-vous ?

Ces questions sont des questions d'opinions personnelles. Les réponses vont varier.

RENSEIGNEZ-VOUS

Les informations à fournir doivent être le résultat des recherches personnelles des élèves et sont à partager avec les autres.

EPISODE 9
SCÉNETTE 1

DÉNOUEMENT

Compréhension

A. Pour arriver aux vêtements que l'on voit dans les défilés de mode, il faut compter bien des heures de création, de main-d'œuvre, d'essayages. Pour Christian Lacroix en particulier, chaque création doit apporter du nouveau, mais doit en même temps rester un vêtement, quelle qu'ait été la source de son inspiration.

B.   80 ; Provence ; ligne ; nouveau ; tableau ; vêtement ; main-d'œuvre ; un essayage ; la jupe ; les épaules ; le chapeau.

Vive la différence !

(Les réponses vont varier) Quelle que soit la nationalité du styliste, chacun a sa propre philosophie de création d'un vêtement. Le temps compté pour la création d'un vêtement de haute couture n'est pas minime. Dans un défilé de mode, tout est dans le détail, l'équilibre, les couleurs, les accessoires : c'est un spectacle ambulant. L'inspiration peut provenir de bien des sources, ici c'est Van Gogh qui s'avère être la muse de Christian Lacroix.

Qu'en pensez-vous ?

Ces questions sont des questions d'opinions personnelles. Les réponses vont varier.

RENSEIGNEZ-VOUS

Les informations à fournir doivent être le résultat des recherches personnelles des élèves et sont à partager avec les autres.

SCÉNETTE 2

DÉNOUEMENT

Compréhension

A.   Lecoanet Hémant, couturiers de la haute couture, ont leur propre maison de couture. Par rapport à d'autres grandes maisons de couture, ils sont encore méconnus, préférant travailler sur une plus petite échelle, sans faire appel à la publicité. Leurs vêtements se vendent, même s'ils ne font pas encore partie du club des grands couturiers, dont l'adhésion a des exigences bien précises et strictes.

B.

22

20

2

75

200, 300

3, 5 millions

40% ; 20% 40%

Vive la différence !

(Les réponses vont varier) Pour faire partie du monde de la haute couture française, il faut montrer pattes blanches : les conditions requises sont rigoureuses et doivent être remplies. Ici, Lecoanet et Hémant, formant la petite maison de couture, ont fait leurs études à l'École de Couture. Existe-t-il une haute couture américaine ? On peut parler de stylistes, et quiconque peut le devenir : de Jennifer Lopez à Kimora Lee Simpsons. Elles ne sont pas sorties d'une école de couture.

Qu'en pensez-vous ?

Ces questions sont des questions d'opinions personnelles. Les réponses vont varier.

RENSEIGNEZ-VOUS

Les informations à fournir doivent être le résultat des recherches personnelles des élèves et sont à partager avec les autres.

EPISODE 10
SCÉNETTE 1

DÉNOUEMENT

Compréhension

A. Il existe au Québec des bases de plein air permettant aux familles de pratiquer des sports ou activités en communauté sans que cela ne leur coûte une fortune. Toujours surveillés par des moniteurs, les participants peuvent découvrir une foule d'activités qu'ils choisissent de pratiquer ou non. Ces bases de plein air leur apprennent non seulement à devenir autonomes, mais aussi à respecter la nature.

B. bases ; air ; plein; année ; de ; clientèles ; gens ; partout ; Mourier ; proviennent ; Québec ; partout ; bases de plein air ; clientèles ; type.

Vive la différence !

(Les réponses vont varier) Ces bases de plein air permettent à toute une famille de participer à des activités sportives dans le but de devenir autonomes et respecter la nature, alors qu'en général, les sports pratiqués aux Etats-Unis ne sont pas nécessairement encadrés ni en communauté, sauf pour les enfants. Par ailleurs, les sports sont très compétitifs. On peut bien sûr suivre des cours en particulier pour apprendre à faire de la planche à voile, mais il n'existe pas encore de bases de plein air pour accueillir toute une famille.

Qu'en pensez-vous ?

Ces questions sont des questions d'opinions personnelles. Les réponses vont varier.

RENSEIGNEZ-VOUS

Les informations à fournir doivent être le résultat des recherches personnelles des élèves et sont à partager avec les autres.

SCÉNETTE 2

DÉNOUEMENT

Compréhension

A. René Jacquot vainc Don Curry, le favori du match de boxe, et gagne sa place au Super Welter comme Champion du monde. Malgré sa réussite, René Jacquot est modeste et préfère sa famille, son café, la vie et bien vivre : il pense à son avenir, à bien vivre, à bien manger, et prendre des vacances quand il veut, et non travailler pour travailler, ou boxer pour être une star.

B.
1. VRAI
2. VRAI
3. VRAI
4. FAUX
5. VRAI

Vive la différence !

(Les réponses vont varier) Les boxeurs en France, à en croire le modèle représenté par René Jacquot, ne font pas de la boxe une carrière à part entière, une ambition professionnelle. C'est un sport pour lequel on s'entraîne comme pour tout sport, tout hobby qu'on pratique. C'est sa famille qui compte le plus pour lui, et de bien vivre. Dans le café qu'il tient, on peut voir les habitués debout au zinc. Dans les bars américains, nous voyons plus les gens assis sur des tabourets ou à des tables. Les tables sont placées très proches les unes des autres pour pouvoir servir plus de gens. Un jeune homme essuie même les assiettes propres avec un torchon, au lieu de les laisser sécher à l'air.

Qu'en pensez-vous ?

Ces questions sont des questions d'opinions personnelles. Les réponses vont varier.

RENSEIGNEZ-VOUS

Les informations à fournir doivent être le résultat des recherches personnelles des élèves et sont à partager avec les autres.

EPISODE 11
SCÉNETTE 1

DÉNOUEMENT

Compréhension

A. Les Français, de plus en plus itinérants, se déplacent à travers toute la France à leur gré, sans planifier ni faire de réservations, aussi voit-on un changement dans la démographie des vacanciers dans les différentes parties de France. La durée n'est pas aussi importante que la qualité de ces vacances. Ils préfèrent des activités qui leur permettent d'être plus actifs, plus physiques : canoë-kayak, rafting, ski, deltaplane ; ou bien des vacances où ils peuvent se reposer.

B.

Destinations	Nord	Sud	Est	Ouest	Centre	Ville	Région
Bretagne	X			X			X
Royan				X		X	
Aquitaine		X		X			X
Châteaux de la Loire				X			
Normandie	X						X
Pas-de-Calais	X					X	

C.

destinations	Porte-parole	titre	Hausse (+)	Baisse (-)
Bretagne	x	x		10-15%
Royan	Joël Morette	Directeur Tourisme de Royan	+ (pas de chiffre)	
Le Centre	x	x	+ (pas de chiffre)	
Le Nord				
La montagne	Roger Godino	Promoteur des Arcs	25%	
La côte d'Azur	x	x		- (pas de chiffre)

Vive la différence !

(Les réponses vont varier) Les Français commencent à être plus itinérants, et planifient moins à l'avance leurs vacances, allant au gré de leur plaisir, pour profiter de bonnes vacances de qualité. Celles-ci ne sont plus seulement paisibles et inactives, au contraire. Les vacances ne sont plus faites pour le repos, mais pour explorer la France, et pratiquer des activités plus physiques et plus nombreuses et variées, et cela en changeant le lieu de vacances : montagnes en été ! C'est en famille qu'ils vont en vacances. De même, aux Etats-Unis, les vacances sont très actives pour certains, mais pour d'autres, c'est plutôt le calme et le repos qu'on recherche. Bien sûr, les vacances ne durent pas aussi longtemps pour les Américains.

Qu'en pensez-vous ?

Ces questions sont des questions d'opinions personnelles. Les réponses vont varier.

RENSEIGNEZ-VOUS

Les informations à fournir doivent être le résultat des recherches personnelles des élèves et sont à partager avec les autres.

EPISODE 12
SCÉNETTE 1

DÉNOUEMENT

Compréhension

A. Avec la construction de nouvelles voies ferroviaires, le T.G.V. pourra relier plus de villes de la Bretagne et du sud-ouest, à Paris, et entre elles, pouvant ainsi entrer en concurrence avec le transport aérien. Le T.G.V. desservant le sud-ouest sera plus rapide que celui du sud-est, grâce à un moteur plus puissant, et pilotage assisté de 6 ordinateurs. De plus, il offrira une sécurité accrue et plus de confort et services encore.

B.

	Paris	Le Mans	Rennes	Brest	Nantes	Le Croisic	Tours	Poitiers	La Rochelle	Bordeaux	Biarritz
Paris		1 h	2h05	4h16	2h	3h15	1h02	1h35	3h	2h58	4h48
Le Mans	1h		1h15	3h42	1h22		1h07	2h57			6h13
Rennes	2h05	1h15		2h08				4h12		5h31	7h27
Brest	4h16	3h42	3h42				6h47	6h53		7h33	10h10
Nantes	2h	1h22						4h17			
Le Croisic	3h15	4h19 (tgv et ter)									
Tours	1h02	1h07		6h47							
Poitiers	1h35	2h57	4h12	6h53	4h17				1h27	1h40	3h41
La Rochelle	3h										
Bordeaux	2h58		5h31	7h33				1h40			
Biarritz	4h48	6h13	7h27	10h10				3h41			

C.

adjectifs	substantifs	Adjectifs/substantifs accordés
1. accru	sécurité	Cette sécurité accrue
2. étonnant	Confort, tarifs	Un confort étonnant, des tarifs étonnants
3. puissant	moteur	Un moteur puissant
4. ultra-perfectionné	freins	Freins ultra-perfectionnés

Vive la différence !

(Les réponses vont varier) La plupart des gens prennent l'avion comme mode de transport, ou la voiture pour leurs voyages aux Etats-Unis. Les Français ont les mêmes modes de transportation à leur disponibilité, mais avec le TGV, il est plus facile de voyager sans stress et dans le confort et en moins de temps.

Qu'en pensez-vous ?

Ces questions sont des questions d'opinions personnelles. Les réponses vont varier.

RENSEIGNEZ-VOUS

Les informations à fournir doivent être le résultat des recherches personnelles des élèves et sont à partager avec les autres.

SCÉNETTE 2

DÉNOUEMENT

Compréhension

A. Avoir une voiture coûte cher et le conducteur paie. Que ce soient les heures passées au travail pour pouvoir se permettre ce luxe, au temps passé dans sa voiture, au tribunal, à l'hôpital, au garage, le conducteur va aussi vite qu'un piéton, mais avec le stress en plus, et de l'argent en moins !

B.
    1.   4
    2.   1500
    3.   10000
    4.   60
    5.   1, 6
    6.   6

C.

4 heures par jour = 1460 heures par an.

1460 heures/an * 6 km/heures = 8760 kilomètres par an.

D.
1. station d'essence
2. hôpital
3. stationnement payant
4. station d'essence

Vive la différence !

(Les réponses vont varier) Avoir une voiture en France coûte très cher, certainement. De l'essence qui est presque 3-4 fois plus cher qu'aux Etats-Unis, aux vignettes, en passant par les autres nécessités de l'entretien de la voiture, les Français paient énormément pour avoir une voiture, mais plus que les Américains. Il suffit de regarder les stations d'essence à présent pour se rendre compte de la flagrante différence. Comme dans toutes grandes villes, il y a toujours des embouteillages, de moins en moins d'horodateurs. La contractuelle que l'on voit dans la scénette porte l'uniforme conforme des « pervenches » , un peu daté.

Qu'en pensez-vous ?

Ces questions sont des questions d'opinions personnelles. Les réponses vont varier.

RENSEIGNEZ-VOUS

Les informations à fournir doivent être le résultat des recherches personnelles des élèves et sont à partager avec les autres.

SCÉNETTE 3

DÉNOUEMENT

Compréhension

A. Les Européens, dont les voitures consomment exclusivement le super sans plomb, sont venus nombreux pour en faire le plein en France. Par contre, les Français ne se précipitent pas, malgré le prix introductif réduit, malgré que leurs voitures puissent l'utiliser. Certains sont sceptiques et refusent de le prendre, d'autres s'adaptent.

B.

Automobiliste Numéro 1 __f__

Automobiliste Numéro 2 __e__

Automobiliste Numéro 3 __a__

Automobiliste Numéro 4 __d__

Automobiliste Numéro 5 __b__

Automobiliste Numéro 6 __c__

Vive la différence !

(Les réponses vont varier) Alors que c'est presque la norme aux Etats-Unis d'utiliser le sans plomb, en France, c'est le diesel et le super avec plomb que les Français utilisaient le plus. En 1999, la commission européenne a accordé une dérogation à plusieurs pays, et notamment à la France, leur permettant de vendre de l'essence avec plomb, pour qu'ils puissent informer correctement leurs concitoyens.

Qu'en pensez-vous ?

Ces questions sont des questions d'opinions personnelles. Les réponses vont varier.

RENSEIGNEZ-VOUS

Les informations à fournir doivent être le résultat des recherches personnelles des élèves et sont à partager avec les autres.

Chapter 8

Comprehension Exercise

A. Relative Pronouns

1. Que faites-vous quand vous voyagez à l'étranger?   réponse: b
2. Quelles personnes ces touristes veulent-ils photographier?   réponse: c
3. Qui pose cette question «Qu'est-ce que vous avez à déclarer?»   réponse: b

Dictée

B. Relative Pronouns

«dites-mois ce que vous avez à déclarer, Mademoiselle,» me demande le douanier qui fouille ma valise. Ainsi commence le voyage dont j'ai tant rêvé. Je suis si dépaysée d'entendre parler français autour de moi que je ne trouve pas le sac où j'ai mis mon passeport. Le douanier sourit. Cela me met à l'aise. «Je vous souhaite la bienvenue chez nous, Mademoiselle,» dit-il; «j'espère que vous ferez un bon séjour dont vous vous souviendrez toujours. Allons, passez . . . et n'oubliez pas votre appareil-photo.»

Comprehension Exercise

C. Demonstratives

1. Quand on est à l'étranger, laquelle de ces phrases est la plus agréable à entendre?   réponse: c
2. De ces trois personnes, laquelle vous paraît la moins dépaysée à l'étranger?   réponse: a
3. Quels sont les touristes que les étrangers préfèrent?   réponse: c

Dictée

D. Demonstratives

Sam Smith et Betty Wilson venaient d'arriver en France. Celle-ce était une actrice bien connue et celui-là était un célèbre joueur professionnel de base-ball. En descendant de l'avion, Sam s'est trompé de valise et a pris celle de Betty. À la douane, Sam a présenté sa valise au douanier. Celui-ci a éclaté de rire en trouvant de jolies jupes dans la valise de ce type sportif. Celui qui voyage doit toujours faire attention, n'est-ce pas?

EPISODE 13
SCÉNETTE 1

DÉNOUEMENT

Compréhension

A. Beaucoup de Haïtiens émigrent au Canada, pour faire des études ou pour améliorer leur vie et celle de leur famille. Malheureusement, la plupart ne savent pas à quoi s'attendre, et vont travailler au Canada pour un salaire ridiculement minuscule. Séparés de leur famille qu'ils ne peuvent revoir que très rarement à cause du coût des billets d'avion, ils réussissent tout de même à leur envoyer de l'argent économisé sur leur maigre salaire, à l'aide de la compagnie Hatrexco.

B.
1. VRAI
2. VRAI
3. FAUX
4. FAUX
5. FAUX
6. FAUX
7. VRAI
8. FAUX
9. VRAI
10. VRAI
11. VRAI
12. FAUX
13. VRAI
14. VRAI
15. FAUX

Vive la différence !

(Les réponses vont varier) Si bien des gens veulent immigrer aux Etats-Unis pour faire leur vie, les Haïtiens, eux, se tournent vers le Canada pour essayer de gagner leur vie et soutenir toute une famille restée dans leur pays natal. Les sacrifices faits par ces personnes sont admirables, quoique cruels. Peu d'Américains veulent immigrer à un autre pays pour les mêmes raisons. S'ils veulent quitter leur pays, c'est plus pour des raisons culturelles ou professionnelles. Les universitaires vont faire des études à l'étranger pour se former. De même, les jeunes Français font des séjours linguistiques ou professionnels, mais ne cherchent pas nécessairement à gagner leur vie à l'étranger pour soutenir une famille restée en France.

Qu'en pensez-vous ?

Ces questions sont des questions d'opinions personnelles. Les réponses vont varier.

RENSEIGNEZ-VOUS

Les informations à fournir doivent être le résultat des recherches personnelles des élèves et sont à partager avec les autres.

SCÉNETTE 2

DÉNOUEMENT

Compréhension

A. Des élèves participent à un rallye historique, qui existe depuis 1979, dans le Vieux Trois-Rivières et partent à la découverte de leur propre ville. Ceci leur permet de mieux comprendre la notion du temps, grâce à la juxtaposition des monuments anciens et modernes. Il existe plusieurs rallyes historiques, dont certains intègrent même des animations.

B.
  1 demandé ; Trois ; cahiers ; effet ; ville ; Canada ; Québec ; le rallye ; Trois-Rivières ; plan ; circuit ; enfants ; faut ; participent
  2. historique ; sa ville ; allie ; ancien ; nouveau ; faire ; remonter ; enfant ; temps ; monuments ; ans ; intéressant ; milieu
  3. choses ; questions ; Rivières ; façon ; enfants ; enrichissant ; poser ; vont ; monuments ; rechercher.

Vive la différence !

(Les réponses vont varier.) Où que nous soyons, qui que nous soyons, nous avons tendance à ne pas apprécier ce que notre propre ville, notre région, notre pays ont à offrir. Il y a dans certaines villes américaines des pancartes placées à travers la ville pour suivre une route soit pittoresque, soit historique. Au Québec, ce sont les enfants, par l'école, qui partent à la découverte de leur ville, et qui entraînent leurs propres parents dans le rallye. L'apprentissage se fait d'abord à l'école et dépasse la salle de classe pour s'étendre dans leur environnement (comme en France, on fait faire aux enfants une course d'orientation dans la nature, ou une classe de neige, etc.) Ces sorties éducatives sont souvent chaperonnées par les parents et en France et aux Etats-Unis. En remarquant les bâtiments, nous pouvons voir les volets rouges qui sont utilitaires et non esthétiques comme aux Etats-Unis. L'attitude et le comportement des enfants semblent les mêmes dans les trois cultures (française, américaine, québécoise)

Qu'en pensez-vous ?

Ces questions sont des questions d'opinions personnelles. Les réponses vont varier.

RENSEIGNEZ-VOUS

Les informations à fournir doivent être le résultat des recherches personnelles des élèves et sont à partager avec les autres.

SCÉNETTE 3

DÉNOUEMENT

Compréhension

Nous sommes dans le monastère de Keur Moussa au Sénégal. Deux moines jouent d'un instrument de musique. Des enfants se baignent et jouent dans la rivière. Deux Sénégalaises, portant des habits traditionnels très colorés (comme ceux de Haïti), portent sur leur tête un fardeau d'herbe, la dernière, un paquet de vêtements. Un homme en chemise bleue est à cheval. Une femme passe un enfant à une autre femme. Des enfants courent. Les moines continuent de jouer un duo de leur instrument. Des jeunes gens travaillent la terre. Un enfant en ville récupère des bouteilles vides. Les moines continuent de jouer un duo de leur instrument. Un enfant joue sur le seuil de la porte. Un homme porte un enfant. Des séquences d'enfants de différentes nationalités jouent dans la rue. Un enfant porte deux pierres, l'une sur la tête, et l'autre sous son bras. Les moines continuent de jouer un duo de leur instrument.

Vive la différence !

(Les réponses vont varier.) Nous voyons ici les vêtements typiques et très colorés de Haïti, les femmes portant soit des robes soit des jupes et chemises. Dans la partie de la vie rurale, il n' y pas de femmes portant des pantalons, à l'occidentale. Des femmes portent une coiffe d'étoffe sur la tête, sur laquelle elles balancent de gros paniers. Les Occidentales ne mettent que des bijoux ou des coiffes esthétiques, qui ne servent à aucune fonction utilitaire, comme les Sénégalaises. Elles utiliseraient plutôt un cartable, un sac, pour transporter des objets. Les Sénégalaises utilisent la rivière comme leur bain et lessive. Bien sûr, que ce soit en France, au Canada ou aux Etats-Unis, les gens font leur toilette chez eux, dans leur salle de bains, et la lessive, qu' elle soit faite à la main ou à la machine, se fait à l'intérieur. Révolu le temps des lavoirs ! En contraste, nous avons le monastère propre bien entretenu dans lequel deux moines pratiquent d'un instrument de musique sans dire mot. Quelle que soit la nationalité de l'enfant, il semble que l'innocence et les jeux enfantins sont des caractéristiques humaines, et non seulement culturelles. Certains jouent dans l'eau, d'autres dans la rue avec ce qu'ils trouvent sous la main.

Qu'en pensez-vous ?

Ces questions sont des questions d'opinions personnelles. Les réponses vont varier.

RENSEIGNEZ-VOUS

Les informations à fournir doivent être le résultat des recherches personnelles des élèves et sont à partager avec les autres.

Chapter 9

Comprehension Exercise

A. Subjunctive

1. Quel que soit le produit, que faut-il pour qu'une réclame soit bonne?   réponse: c
2. Pourquoi Pierre a-t-il peur que son amie ne soit pas au rendez-vous?   réponse: c
3. Pourquoi M. Bontemps écoute-t-il la météo chaque matin?   réponse: a
4. Dans lequel de ces cas le tutoiement ne semble-t-il pas approprié?   réponse: b
5. Pourquoi craint-on que Paul ait la gueule de bois ce matin?   réponse: b

Dictée

B.Subjunctive

Joseph, il faut que je te dise ce qui m'est arrivé hier. Tu sais, n'est-ce pas, que depuis longtemps je ne m'entends pas très bien avec mon camarade de chambre. Eh bien, hier soir, j'ai voulu que lui et moi nous parlions ensemble et que nous promettions de ne plus nous disputer. Bien que je lui aie parlé aussi gentiment que possible, il ne m'a pas écouté et il a allumé la télé! Il est évident maintentant que rien ne pourra jamais nous réconcilier. Joseph, connais-tu quelqu'un qui ait une chambre à louer?

EPISODE 14
SCÉNETTE 1

DÉNOUEMENT

Compréhension

A. La communication est une filière tellement recherchée qu'il n'y a pas assez de place pour un peu plus de la moitié. Cette filière offre des options, très différentes les unes des autres, dans l'audio-visuel et la presse écrite, dans la publicité et dans la communication d'entreprise. Malheureusement, les formations sont trop générales et ne satis- font pas ce que recherchent les grandes entreprises, une structure complémentaire pas encore mise en place.

B.
1. communication.
2. filières.
3. lâcher ; filières ; effectif
4. intendance ; suivi.

C.
1. l'audio-visuel et la presse écrite
2. la publicité
3. la communication d'entreprise

Vive la différence !

(Les réponses vont varier.) Le cursus en communication va différer, aux Etats-Unis, selon les universités. Le problème d'effectif peut être celui de l'excès ou du manque. Que les cours de communication soient aussi surchargés est intéressant, car la formation académique n'est pas suffisante. Aux Etats-Unis, les études académiques sont souvent complémentées par des formations-stages, ou l'apprentissage par le service où les étudiants travaillent dans des entreprises pour l'aspect pratique. Les cours sont surchargés en France, ils peuvent l'être aux Etats-Unis aussi, surtout dans certaines filières, mais il y a quand même un quota à respecter.

Qu'en pensez-vous ?

Ces questions sont des questions d'opinions personnelles. Les réponses vont varier.

RENSEIGNEZ-VOUS

Les informations à fournir doivent être le résultat des recherches personnelles des élèves et sont à partager avec les autres.

SCÉNETTE 2

DÉNOUEMENT

Compréhension

A. Götting et Tronchet sont deux dessinateurs de bandes dessinées dont le style est très différent l'un de l'autre. Si Tronchet est caustique dans ses b.d., Götting, lui, raconte des histoires tristes, tous deux choisissent la b.d. pour communiquer.

B.
1. le prénom de Tronchet : F
2. le prénom de Götting : C
3. le style de Götting : E
4. le style de Tronchet : A
5. l'opposé de larme : B
6. le noir et le blanc :D

Vive la différence !

(Les réponses vont varier.) La bande dessinée en France est une littérature ciblant plutôt les adultes que les enfants, comme elle le fait aux Etats-Unis. Le genre de b.d. pour adultes aux Etats-Unis se trouve plutôt dans les journaux comme le New York Times où l'on fait des satires des situations politiques, économiques et autres, pour commenter les faits actuels.

Qu'en pensez-vous ?

Ces questions sont des questions d'opinions personnelles. Les réponses vont varier.

RENSEIGNEZ-VOUS

Les informations à fournir doivent être le résultat des recherches personnelles des élèves et sont à partager avec les autres.

Chapter 10

Comprehension Exercise

A. Possessives

1. Ces livres appartiennent-ils à Henri et à Jean?   réponse: b
2. Que fait François avec le shampooing?   réponse: c
3. Pourquoi lis-tu les pièces de Molière?   réponse: c

Dictée

B. Possessive

Avant la représentation d'hier soir j'étais metteur en scène. Aujourd'hui je suis chômeur, grâce à mon héroïne. Elle savait tous les rôles sauf le sien. Figurez-vous qu'elle a oublié son texte au milieu de la scène la plus importante. Mais ce n'est pas tout! Au moment où elle levait les bras pour faire un large geste, elle a fait tomber le décor et ma pièce est devenue un four. Que j'ai mal à la tête! Est-ce que ces aspirines sont à vous? Donnez-m'en deux . . . ou trois . . . ou quatre!

Comprehension Exercise

C. Prepositions

1. Jean Anouih, continuez-vous d'écrire pour le théâtre?   réponse: a
2. À qui cette jeune fille pense-t-elle quand elle dit: «Mon chéri, comme tu me manques!»   réponse: b
3. Est-ce que Louise te manque?   réponse: c

Dictée

D. Prepositions

Antoine est l'auteur de plusieurs best-sellers, mais au lieu d'écrire d'autres romans policiers, il ne pense qu'à devenir poète. Sa femme veut l'empêcher de se ruiner. Ses lecteurs ne peuvent pas s'habituer à ses poèmes et ils aiment mieux ses histoires de détectives. Quant à son éditeur, il essaie de persuader Antoine d'écrire un nouveau livre de poche. Pauvre Antoine, il a mal à la tête, et pour protester, il porte maintenant la barbe et les cheveux longs!

EPISODE 15
SCÉNETTE 1

DÉNOUEMENT

Compréhension

A. On peut accéder au Louvre, un énorme musée qui contient 8 siècles d'histoire dans ses salles, par la pyramide. Un vrai labyrinthe, le Louvre contient des œuvres d'art, mais aussi des commerces de luxe, une librairie d'art, un auditorium, et a même été récemment équipé d'élévateurs intermédiaires pour les personnes handicapées. Plusieurs architectes ont mis leur signature sur ce musée que l'on réaménage.

B.
1. réponse : 200
2. réponse : 4
3. réponse : 12.000
4. réponse : 400
5. réponse : 8
6. réponse : 2
7. réponse : 15.000

C.

œuvres, sont, statues, France, chasseresse, présente, Italie, siècle.

D.

Louvre, repérer, signélitique, fenêtres, indispensables, est, pyramide

Vive la différence !

(Les réponses vont varier.) Le mélange d'architecture est curieux : un mélange de l'ancien, et du nouveau avec la Pyramide de l'architecte Ming Pei, construite en 88. De même, dans sa collection, se trouvent des œuvres d'art divisées en plusieurs départements. Grâce à la nouvelle ouverture par la pyramide, on a trouvé des vestiges du Louvre médiéval. Parce que les Etats-Unis sont un jeune pays, la plupart de ses musées, comparables au Louvre dans son ampleur, sont bien plus modernes. Même de nouvelles constructions ne permettraient pas de nouvelles découvertes d'un monde médiéval. Cependant, les accès pour les personnes handicapées sont bien plus nombreuses par rapport à la France. Le rajout des magasins de luxe semble un peu trop capitaliste, et le couloir qui les dessert est en marbre, est d'un luxe qui rivale le reste du musée!

Qu'en pensez-vous ?

Ces questions sont des questions d'opinions personnelles. Les réponses vont varier.

RENSEIGNEZ-VOUS

Les informations à fournir doivent être le résultat des recherches personnelles des élèves et sont à partager oralement avec les autres.

SCÉNETTE 2

DÉNOUEMENT

Compréhension

A. Gauguin a peint beaucoup de tableaux, mais il est plus connu pour ses peintures de paysages polynésiens. Mais c'est à travers les tableaux de la période bretonne que l'on peut voir les influences dans la vie de Gauguin.

B.
  1. FAUX
  2. VRAI
  3. VRAI
  4. FAUX
  5. VRAI
  6. FAUX
  7. VRAI

Vive la différence !

(Les réponses vont varier.) La Polynésie représentée dans les tableaux de Gauguin est l'un des endroits idylliques pour les Français. La directrice mentionne les Clubs Meds, qui sont des organismes de vacances. Les Français préféraient, dans les années 80, ces vacances, mais comme nous l'avons vu dans l'épisode des vacances, cela a un peu changé. Dans ses tableaux de la période bretonne, on peut voir des scènes de la vie française d'autrefois, qui existent encore certainement aujourd'hui : le béret, les habits traditionnels bretons, la vie de café. Gauguin est célèbre pour ses peintures de paysages polynésiens, dans le monde entier.

Qu'en pensez-vous ?

Ces questions sont des questions d'opinions personnelles. Les réponses vont varier.

RENSEIGNEZ-VOUS

Les informations à fournir doivent être le résultat des recherches personnelles des élèves et sont à partager avec les autres.

Chapter 11

A. Passive Voice

1. Le français se parle-t-il en dehors de la France?   réponse: c
2. Comment devient-on compositeur?   réponse: c
3. Quel effet une chanson «rock» a-t-elle sur les jeunes?   réponse: b

Dictée

B. Passive and Active Voices

À la différence du cinéma américain, on peut dire que chez les Français le metteur en scène est plus important que la vedette. C'est le metteur en scène qui fait faire à la vedette ce qu'il veut; c'est lui qui choisit les plans pour la caméra; c'est lui qui contrôle le scénario, la piste sonore, le maquillage; bref, c'est lui qui tourne le film. Aussi a-t-on tendance à attribuer les mérites d'un film au réalisateur plutôt qu'aux acteurs.

Comprehension Exercise

C. Present Participle

1. C'est toujours bien d'applaudir, n'est-ce pas?   réponse: a
2. Le héros de ce film a trois yeux, quatre jambes, et des cheveux orange. Dans quelle sorte de film apparaît-il?
    réponse: b
3. Quand un film est considéré par les critiques comme un navet, quelle raison vous paraît la plus importante?
    réponse: c
4. Dans quelles conditions un cinéphile sera-t-il malheureux?   réponse: c

Dictée

Present Participle

Lorsque Louise était lycéenne, elle faisait ses devoirs tous les soirs en écoutant de la musique populaire à la radio. Tout en faisant ses problèmes de maths, elle passait des heures à écouter ses chanteurs favoris. Elle finissait par s'endormir sans avoir terminé son travail. Encore aujourd'hui Louise reste persuadée que c'est en écoutant de la musique qu'elle étudie le mieux.

EPISODE 16
SCÉNETTE 1

Compréhension

A. Un présentateur demande à plusieurs acheteurs de sentir un rouleau de papier toilette et leur demande ce à quoi cela leur fait penser. Tous se mettent à chanter une chanson ayant pour thème la nature.

Vive la différence !

(Les réponses vont varier.) Les chansons que l'on entend sont de vieilles chansons françaises. Chaque pays a les siennes.

Qu'en pensez-vous ?

  A.   Ils se trouvent dans un supermarché où ils font les courses.
  B.   Le trèfle est associé à Saint Patrick.
  C.   Les réponses vont varier.
  D.   Parce que c'est du papier toilette.

SCÉNETTE 2

Compréhension

A. Le fromage Le châtelain représente l'art de vivre, celui de recevoir particulièrement. Produit royal, il ne peut que faire partie d'une longue soirée de bienséances.

Vive la différence !

(Les réponses vont varier.) La musique dans le fond est celle du Lac des Cygnes, un ballet classique représentant bien le romantisme, l'art de vivre, la beauté. Pour les Français, bien manger est très important, mais connaître l'art de la table est primordial. La table est bien mise avec les assiettes, les ustensiles, et les deux verres. Il ne faut pas oublier les fleurs pour l'hôtesse. Aux Etats-Unis, l'art de la table est plus simple en général, et l'on ne sert généralement pas de fromage après le dîner.

Qu'en pensez-vous ?

  a.   Le fromage est inséparable du vin.
  b.   (Les réponses vont varier.) Sophistication, paix, tranquillité, noblesse.
  c.   Les réponses vont varier. Je préfère le pavé d'affinois, le Pont l'évêque, les crottins d'or.
  d.   L'emballage est régulier pour un camembert. Les couleurs choisies peuvent être considérées comme les couleurs de la noblesse.

Qu'en pensez-vous ?

Ces questions sont des questions d'opinions personnelles. Les réponses vont varier.

RENSEIGNEZ-VOUS

Les informations à fournir doivent être le résultat des recherches personnelles des élèves et sont à partager avec les autres.

SCÉNETTE 3

Compréhension

A. Un homme raconte à un autre son « histoire d'amour », une vraie salade, en l'embellissant, et en lui faisant croire à une rencontre d'amoureux mais qui s'avère être une traque. Celle-ci se termine au McDonalds où enfin, il prend le courage à deux mains pour... lui demander l'heure, et c'est elle qui lui ouvre vraiment la porte en lui disant que c'était l'heure de lui offrir un café !

Vive la différence !

(Les réponses vont varier.) Cette publicité de McDo n'est certainement pas comme les pubs américaines. Nous avons ici toute une histoire d'amour, du début jusqu'à la fin. On voit que l'heure du déjeuner dure bien longtemps : la femme a eu le temps de faire les magasins, de faire un tout dans le parc, avant de passer au McDo

Qu'en pensez-vous ?

a. Chez est une préposition utilisée pour exprimer « être dans la maison de » . On est vraiment chez soi au McDo !

b. Un homme raconte à un ami le déjeuner en amoureux entre lui et une femme qu'il épie depuis quelques temps on dirait. Il fait croire à une rencontre d'amoureux mais qui s'avère être une traque. Celle-ci se termine au McDonalds où enfin, il prend le courage à deux mains pour... lui demander l'heure, et c'est elle qui lui ouvre vraiment la porte en lui disant que c'était l'heure de lui offrir un café !

c. C'est inévitable, c'est le destin !

d. Cette pub ne vend pas d'hamburger autant qu'elle vend la possibilité de pouvoir trouver quelqu'un.

SCÉNETTE 4

Compréhension

A. Trois femmes habillées en militaire, sur l'air de « Le pont de la rivière Kwai » entre dans une salle et la dépoussière grâce à O-Cedar.

Vive la différence !

(Les réponses vont varier.) Cette publicité fait allusion au film, « Le pont de la rivière Kwai », et représente peut-être une lutte inlassable et inébranlable contre la poussière, mais c'est une lutte désespérée. L'utilisation de cette musique montre que certains aspects de la culture françaises sont influencés par la culture américaine, notamment ici par les films.

Qu'en pensez-vous ?

a. C'est la musique qui provient du film du même nom, « Le Pont de la Rivière Kwai » .

b. (Les réponses vont varier.) Neoflase (Bogart)l Wrangler Jeans (les films de Steve McQueen, notamment Ford Mustang)

SCÉNETTE 5

Compréhension

A. Des chiots laissent des traces de boue partout sur un carrelage propre. La chienne se charge de le nettoyer avec Carolin.

Vive la différence !

(Les réponses vont varier.) Le carrelage est très commun en France, plus que la moquette que l'on retrouve aux Etats-Unis. Bien sûr, cela dépend des goûts personnels, et des pièces. Le ménage se fait encore plus traditionnellement, avec de l'eau, des produits tels que Carolin par exemple, alors qu'aux Etats-Unis, nous avons une invasion de produits tels que les balais et autres objets de ménage auxquels on a incorporé un système nettoyant.

Qu'en pensez-vous ?

    a. La chienne fait le ménage.

    b. Elle est obligée de travailler parce que les chiots ont sali le carrelage.

    c. La valse minute est appropriée car en moins d'une minute, le carrelage est nettoyé.

    d. Qu'un animal puisse se servir de Carolin indique que c'est un produit facile à utiliser mais qui n'est pas toxique.

SCÉNETTE 6

Compréhension

A. L'histoire d'un homme, tout de noir vêtu, et son télécopieur qui peut aussi servir de fax. Il profite de son fax pour envoyer son auto-portrait à multiples reprises à un autre homme, habillé en blanc, tout en dansant dans son bureau.

Vive la différence !

(Les réponses vont varier.) C'est un grand bureau, bien propre et en ordre, ou une salle de travail à la maison. Le plancher en bois est classique et rustique. On fait appel dans cette publicité à l'amour-propre de l'homme.

Qu'en pensez-vous ?

    a. Le bureau de l'homme est propre, à peine illuminé par la lueur qui perce à travers les persiennes. Le plancher est en bois, parfait pour la danse. Les meubles sont, pour la plupart, contre les murs, laissant un espace au milieu.

    b. Oui, c'est le moyen habituel de vendre des produits : on vend le sexe, on vend le luxe, on vend des valeurs que les gens veulent avoir dans leur vie, par exemple, comme le respect, l'admiration des autres.

    c. Cette machine est non seulement agréable à voir, mais, ce qui est encore mieux, c'est qu'il a un côté utilitaire.

SCÉNETTE 7

Compréhension

A. Un homme danse, sous la neige, sur une boîte d'anti-maux de gorge, tenant à la main un parapluie à la Gene Kelly.

Vive la différence !

(Les réponses vont varier.) Dans cette publicité, on fait allusion à des classiques américains, tels que Chantons sous la pluie avec Gene Kelly. Ces films cultes ont imprégné la culture française et ici la publicité qui pourtant a, elle aussi, les siens !

Qu'en pensez-vous ?

    a. Grâce à ces pastilles, l'on peut vraiment affronter n'importe quel temps.
    b. Gene Kelly.
    c. C'est New York en hiver.
    d. Il n'y a pas de mauvais côté dans cet anti-maux de gorge qui désinfecte et qui donne aussi une petite dose de vitamine C.

EPISODE 17

SCÉNETTE 1

Compréhension

A. C'est Jil Caplan qui chante dans un clip vidéo de Comme sur une balançoire. Les images sont entrecoupées par des plans sur la chanteuse, et des images de l'enfance

Vive la différence !

(Les réponses vont varier.) Une femme grimpe les escaliers, entre dans son appartement et se jette sur son lit. La caméra se pose sur un nounours. Une petite fille joue, se maquille, suce son pouce. C'est une chanson du retour à l'enfance, comme son titre l'indique, pour échapper aux problèmes de sa vie.

Qu'en pensez-vous ?

    a. Les images représentent l'enfance et le retour à l'enfance pour la chanteuse.
    b. L'enfance est un monde insouciant, heureux, paisible, auquel on se tourne, adulte, pour se soustraire à la vie trop rapide. C'est la liberté aussi de pouvoir ne pas être accablé de problèmes, de faire ce que l'on veut, d'une certaine manière.
    c. Le monde de l'enfant est paisible, insouciant, normalement rempli de joie, de jeux, d'imagination, de création, plaisirs innocents, rêves et idéaux. Celui de l'adulte est contraignant, plein de responsabilités, de chagrins d'amour, d'incompréhension selon la chanson, un monde d'aveugles.

SCÉNETTE 2

Compréhension

A. C'est Pierre Perret qui chante dans un clip vidéo de Le chant du riz pilé. Des images du chanteur sont entre-coupées par des images de l'Afrique.

Vive la différence !

(Les réponses vont varier.) Le clip vidéo nous offre des images d'Afrique où les femmes pilent le riz, s'occupent des enfants. Fête, danse, chants au village, nous avons une célébration traditionnelle après avoir pilé le riz. Les enfants se baignent dans la rivière. Les pirogues sont le moyen de transportation, en dehors de la marche à pied !

Qu'en pensez-vous ?

    A. (Les réponses vont varier.) Le ton satirique se manifeste par la musique joyeuse et rythmée, mais accompagnée par des paroles où percent d'autres sentiments : travail du pilon en colère, la colonisation où la femme travaille pour voir les résultats appropriés par les étrangers, rien n'a changé dans ce monde.

    B. Le sous-texte économique et politique est celui de la colonisation française d'autres cultures.

    C. (Les réponses vont varier.) La femme est représentée comme quelqu'un qui travaille dur pour faire vivre sa famille, dont elle s'occupe principalement. On ne voit guère d'hommes, sauf lors de la fête au village. Peut-être est-ce un peu stéréotypé, dans la mesure où nous ne voyons qu'une seule perspective.

    D. L'accompagnement musical de cette chanson invoque la joie de vivre, mais aussi la vie telle qu'elle est vécue : les tambours qu'on entend imite le pilon écrasant le riz

SCÉNETTE 3

Compréhension

A. C'est un vidéo clip d'une chanson de Maurane, *Les uns contre les autres* qui décrit la vie de notre monde : où nous sommes tous ensemble, rassemblés, et pourtant nous sommes des êtres seuls et solitaires.

Vive la différence !

(Les réponses vont varier.) Les clips vidéos qui sont présentés ici sont des chansons imagées entrecoupées de gros plans, plans américains ou autres, des chanteurs. C'est-à-dire que les chansons sont illustrées par les images ciné-matographiques qui les accompagnent. Certains clips vidéos sont faits de cette manière (surtout de musique country), mais la plupart que l'on voit sur MTV par exemple, sont ceux des chanteurs entourés de danseurs.

Qu'en pensez-vous ?

    A. Le titre de la chanson est en opposition avec tous les verbes pronominaux : *les uns contre les autres* peut indiquer une opposition, et pourtant les verbes réciproques impliquent une réciprocité

B and C. Le paradoxe se trouve non seulement dans les paroles (opposition du refrain/titre contre la réciprocité des verbes pronominaux ; et même certains verbes pronominaux expriment une idée de séparation ou d'isola-tion (se détester, se déchirer, se détruire) mais aussi dans la juxtaposition des images de personnes seules et de foules d'individus tous serrés les uns contre les autres, mais qui sont isolés, séparés des autres.

    D. (Les réponses vont varier.) Il n'y a pas beaucoup d'espoir à cause du refrain qui suit les strophes plus positives (On dort les uns contre les autres On vit les uns avec les autres, On se caresse, on se cajole, On se comprend, on se console).

✍ Notes!

 **Notes!**

✑ Notes!

✍ Notes!

✍ Notes!

 **Notes!**

✍ Notes!

✐ Notes!

✍ Notes!

✍ Notes!

✍ Notes!

✍ Notes!

✍ Notes!

 **Notes!**

 **Notes!**